箸の民俗誌

斎藤たま

論創社

はしがき

私がまだ山形の田舎にいた時分、同じ村内に住む大伯母が父親に桑の箸を持って来てくれたことがあった。村では例年、秋の農作業も終った頃に講のようなものを作って〝お札ぶつ〟と称する寺社詣でをする習わしがあった。老齢の伯母はそれに参加したらしく、桑の箸はその詣でた先での土産の品だった。

いろりの客座に坐った大伯母は、いつもとはよほど違った興奮の面持で、弟の手に渡った箸に向かって身を乗り出し、その箸の効能を繰り返す。これを毎日、毎食の箸にするなら、中風にかかることから免れる。

「ちゅうしょうたがらねなだと」

というのであった。

村では中風（脳溢血）になることを「ちゅうしょうたがた」、取りついたと表現した。これは普通にいう、風邪にかかった、病気にかかったなどとも通じるものだろうと思うが、「たかられた」とか「かかった」には、はしなくも人々の考えの中にあった病気発生のシステムを語るものだろう。老衰で死んで行けるのは幸せな人間、人々の多くは中風に代表される厄病神にたかられて、手なえ、足なえ、寝たきりとなって何年かの家族の看取りを受けた後に終るのが普通だった。その恐怖のちゅうしょうから逃れられるというのだから大伯母の声には思いっきり力も入る。まるで一口ごとに箸の先から薬効流れ出す、世界垂涎の新薬只今発見というばかりの勢いだったのである。

そんなに有難いものなら、もう一頑張り、母親にも贈りくれたらよかろうにと、いささか気持を尖らせたのはいろりのもう一方の端にいた、多分中学生になった頃の私。しかしまたその反面では、これで病気が防げたなら、世の中にちゅうしょうたがりはいなくなるだろうにと、古いことはなんでも、「それは迷信」、「これは迷信」と切ってまわる年頃の常で、ひどく冷やかな目で見やってもいたのである。

後になって私は、古い暮しを尋ねて各地を旅するようになった。はじめは子どもの伝承遊びを集めるのが目的だったのだが、そのうちにしぜんと人生儀礼や行事・信仰の方に関心が移っていった。その過程で行き先のあちらこちらで桑の箸が何度か話題になり、しかもその箸の効能として語られる内容が、かつての大伯母の口上とまったく同じなことに及んで、私はすっかり驚いてしまった。

当初はふざけて、大伯母に買わせたかの箸屋はずいぶんと商売を広げたものだなどとつぶやいたのである。だがもちろん人々の語るのは神社仏閣などの土産で得たものではなく、桑の材をもってするところの手作りの箸であった。今でこそ、木を削って箸を製する人などは極く極く稀になったが、少し以前まではこれと反対に買うことの方が稀だったのだからこれはいうまでもないのである。

しかも、桑箸効能の共通に驚いたばかりではない。これと平行して、材料の桑の木にも特殊な性能のひそみあることを教えられた。人が生れてから死ぬまでの人生儀礼や、年中行事についての人々の語りの中にたびたび桑の木が顔を出すのである。病気のお祓いが桑の木の下で行われる。悪病がはやってこれば桑の木の一片を身に添えてお守りとし、同じように戸口にも吊るし、また屋根にも立てる。産室入口に吊るす弓も桑で作るのであり、子のお守りに手首・足首にしばるのも桑の皮である。

つまり、なんらかの理由で桑の木には災厄を退散させる、いわゆる魔よけの力があると見られているのである。日毎手にし、また口に運ぶ箸に桑を選んだ人々の気持もわかろうというもの。

中風云々は、この厄除けに効ある箸使用を督励に及ぶための一方便だったのであろう。

こうなってみると、他の箸はどうだったのだろう、かつて自分たちで箸を削っていた頃、その材料はどんなものだったろうかと調べてみたくなるものではないか。ところがこれらに関する参考書は皆無、箸の歴史や考古学上の発掘品、神事の箸、また商品化された箸などについての記述は見られるのだが、平生使う人々の箸がなんの材をもって作られているかまで及んでいるものは、少なくとも私は一点たりとも知らない。年がら年中使いまわしている箸にしてこれはずいぶんと冷淡なものである。

そんなことで私はじっさいに箸作りを手がけた人たちに直接教えを乞うことにした。中心の調べものが終って、なお余力のある時とか、運よくたまたま箸のことを思い出せた時などに尋ねたのである。

その結果では、山に樹々の万とある中に、箸にされる材料にはある一定の決まりがあった。種類が限られていた。一つの地域では、頑固なまでに同じ材料へのこだわりが見られ、特例ということがまずない。珍しい材料を耳にして、たまたまこの一人の発見・思いつきかと思っていると、地は遠く離れてもきっとまた同じ箸に出会うという具合である。

だが、もっと注目させられたことは、これらの材料もまたその効能が桑の木の場合に準じる点だった。それぞれ、ほとんどの材料が、魔よけ、お祓い、やって来るだろう災厄に備えて行う行事の中に申し合わせたように顔を出すのだった。

私たちは他国の人があきれるばかりに箸については思い入れが深い。潔癖でもある。いっぺんで使いすて、しかも人の手つかずであることを語らせるために割らないままの箸を提供し、その上床や卓上との接触を嫌って紙に包み、箸置きに載せる。

箸は、物をはさみ、口に運ぶだけの道具ではなかったようなのである。あるひそかな指命を帯びて、日ごと食ごと、その任務を遂行すべく働き続けているようなのである。

目次

装幀　大野　嘉巳
挿絵　斎藤　たま

一、日常の箸

桑の箸

今、私の住んでいる秩父は養蚕の盛んな地だった。いたるところに桑の木が見られる。規則正しく畑縁などに植えられているのと違って実生もあるのだろう、荒れた畑になど所構わず何本も枝を伸ばしている。じつはこんな山の茶畑を一ヶ所私は借りているのだが、茶の木に邪魔する桑の木を絶やそうと枝を伸ばす度に切っているのになかなか埒《らち》があかない。根を掘るのなど堪らないから腐葉土を払い、石まじりの土を分けながらぎりぎり根元にというよりは、土の中にのこぎりを入れるのだが、それでもまたちゃんと芽を出す。桑は性の強い木のようである。

ずいぶん前になる。昭和五十三年に訪れた沖縄八重山諸島の与那国島比川でナンチィ（桑）は「七回葉落ちても七回実なって栄えてみせる」というのだと聞いたのなどもそのあたりをいうのだったろう。潮風を浴びると桑は簡単に葉を落す。しかし、芽生えるのも早く、さらに葉よりも先に実が出て来るとのことであった。葉が広がった先から扱《こ》かれ、伸びただけの枝を切られ切られしながら蚕を養う桑のことだからそれも当然かもしれない。

桑の木は切り口がきれいな黄色である。割った面なら絹の光沢を持ってすこぶる美しい。草木染などをやっている者には目をつけずにはいられないものだが、じっさいにこれで羊毛や布を染めるなら、素材の色そっくりの鮮やかな黄色が得られる。ずっと昔からこんな利用法はなされていたのだろう。

もっとも切り口や割った面は、日が過ぎるとくすんだ赤茶色に変る。人目に触れる何かの製品の色はいずれこうなっているはずで、「はしがき」にいう大伯母の箸の色もまたこれだったのである。

さて、桑の箸の薬効についての話は、昭和五十八年にまわった東北の東海岸でもよく耳にしたのであった。青森八戸市から岩手の北部はどこでも、

「中気にあたらん」

の一点張り。岩手の岩泉町小本でチヨさんなら、箸ばかりでなく、ヘラやお椀まで桑にしたという。これより少し北に当る田野畑村明戸で畠山善雄さんも箸やヘラ、すりこぎも桑で作った。

箸が食べ物にかかわることで問題提起をしているのなら、これと同じ立場のヘラやすりこぎなどの食器類についても共通の事態が起るのであろう。

同じく岩手の久慈市久喜で聞いたのは「中気にあたれば桑の箸を作る」と事後の処置だった。新潟の栃尾市（現・長岡市）中野俣では稀にある桑の根の紫色をしたものを煎じて飲めば、中風が避けられるとの伝承だ。茨城の霞ヶ浦周辺でも桑の箸を使うという他に、中気にかかったら桑の葉を煎じて飲むという。

これは西の地方にいたってても同じことで、長野県南端の売木《うるぎ》村でも

「桑の椀長生きするといって木地屋で挽いてもらって使っている人がいた」

と聞くことが出来る。岐阜の美濃市奥板山では箸の他にハンボ（飯びつ）も作り、これらを使っているると病気にかからんといったと仙一さんが聞かせてくれた。同じ岐阜の西端に当る坂内村（現・揖斐川町）川上で春江さんのいうのは、

「桑の箸は歯うずかんといって、家中の者の箸作った」

だった。

和歌山県竜神村（現・田辺市）野々垣内では家族銘々に作り分けておく箸をギョウギ箸と呼んだが、それに桑を用いて「中気起きん」といった。

奄美地方や沖縄では箸にすることは聞かなかったものの、島の西海岸宇検村芦検で聞くとイビラ（飯ベラ）に桑を使っている。それにこちらでは黒砂糖を炊き、それを掻きまわすために櫂《かい》のよ

うなクギンボウ（漕ぎ棒）と呼ぶのを用いる。そのクギンボウも桑木だとのことであった。

奄美大島の傍の加計呂麻島《かけろまじま》西阿室では、桑木のメシゲ（飯ベラ）にブブギ（リュウキュウエノキ）のマナチャ（俎《まないた》）、それに山椒のスルコック（すりこぎ）を使えばムノフェ（モノ除け＝魔除け）になるといっている。

すりこぎに山椒というのはこれも有名なもので、後の章でも語られるはずだが、山椒も多分は見事な刺を武器として魔よけの材料になっているのである。

これより西の西表島《いりおもてじま》祖納や日本最南端に位置する与那国島《よなぐにじま》では、すりこぎの名前がダイバノブト（すり鉢の夫）という面白い名前、そのダイバノブトを作るのが桑木だった。

桑の木のお守り

桑の木には除けごとに強いある力があるのらしいことは、以上の少ない話からもうかがえるものだが、そのことをもっとも端的に表すのが、桑木をお守りにすることである。

どのような用い方がされたか、新潟県十日町市落之水という山の村ですがさん（明治四十年生れ）の場合はこんなである。

「はやり病などがはやると、桑の細枝で横槌を作り、ナンバン（唐辛子）と一つにして家の戸口に吊る、それから小さく縫った巾着に二つを入れて子どもの首から吊ってやった。ナンバンでなく、槌とニンニクを入れる人もある。桑の新しい枝は柔《や》っこくてこしゃい（作り）いい。子どもの時は自分で作ったりもした」

ナンバンもニンニクも魔よけの代表的なものである。横槌は藁《わら》打ちなどに使う、横に手のついたもので、ごく細い、小指ほどの枝で作るというのだから、槌とは名のみ、紐をからげるのに便利なように片一方ばかりを削ったもののならしい。

西になるとこれは槌でなくひょうたんと呼ばれるようになる。奈良県十津川村玉垣内の吉広さんによれば、当地方は大正二、三年に悪性感冒に襲われた。一家に一人薬煎じる人が残ればいい方、かかる前の者や、早く治った者が看病にあたる。薬も底をつき、土中にいる赤みみずやゴンパチ（イタドリ）根や蕗《ふき》根・ダイダイ皮を煎じて飲ませるのがせいぜいだった。この折、誰もみな桑でひょうたんを作り腰に吊したという。やはり細い枝を真中くびれにし、両端をいささか丸にする。

感冒も悪性となると油断がならないが、もっともっと親たちを脅かしたのは子どものはしかで、「はしかは命おさめ」といって怖れられた。これにはほうそうもあったが、こちらは種痘が始まって外された。三重県の南西部から和歌山の北部、これらではいずれもはしかにひょうたんを作り腰につけさせる。四国徳島の一宇村（現・つるぎ町）臼井で大森いせのさん（大正四年生れ）なら桑のひょうたんは子の首に吊してやる、これをすればかかっても軽くすむといった。島原半島北有馬町（現・南島原市）坂上では「ジカ（はしか）はやったら桑で男には杵（横杵）、女には手杵（立杵）を作ってぼんのくそのとこつけてやる。是非とも」と片岡つたよさんが話した。

家の守り

桑は人の体を守るばかりではない。建材の一部に使われたりと家の守りにもされた。東北では木に不足しないということか、床柱などに桑の木を充てるのである。そんな大きなものがなくとも、押入れの柱にとか、梁を支えるツカと呼ぶ小部分とかにどうでも組み込む。さらにそれさえ叶わなければ桑木の一片を棟木に打ちつける。この最後の型は九州方面に多くて、天草の傍の長島では直径二、三センチに三十センチばかりの枝を棟木にしばりつけ、どこの家の棟木にもそれがあるといっていた。

またこれは舟にもつけられるらしい。天草半島の天草町（現・天草市）高浜の漁師をしている初老の男性は、「舟のてっぺんに桑の木つける」といった。舟には帆柱の上に、帆を上げ下ろしする、つるべに使うような滑車をとりつける。この装置をセビという。セビの車はカシで作るが、その外枠は桑で作る。雷が落ちないようにとすることで、「船で雷はいちばんこわい」とこの人はつけ足した。

雷除け

しかし、なんといっても桑の木の一大活躍の場は雷に対してである。

どんなわけから雷が発生するのか皆目見当もつかなかった昔の人たちによって、空気を黄色に染めるまでに光放ち、戸・障子がビリビリ震え鳴り音響かせ、空全体に充つほどの怒りをふくらませて頭上を踏みしだく、この勢い激しいものにどれほど怖じ恐れたことであろう。どれほど色を失い、気力萎えさせられたものだろう。

岩手の海岸筋では雷《らい》さま鳴ったというと桑の木をとりに走るのだった。それを家の戸口や窓にさす。畑にいる時に鳴ったなら頭や腰にさす。ただし、この一帯は家の建材の一部に桑の木を使っていることで、少し横着な人たちは、

「なーにささんでもいい。カノギ（桑木）で家建っておくだもの」

などいうそうだ。

こうした習俗の聞き取りをするようになったのはせいぜい昭和五十二、三年頃からだから、整理

カードの中にある昭和四十八年の一枚は古い方である。それは秋田の内陸部、皆瀬村（現・湯沢市）菅生のもので、その時はちょうど盆にあたり、佐藤惣十郎さんの家では供養のつもりか、客用の膳をもって昼食を恵んでくれて恐縮したのだったが、この佐藤さんからの聞き取りである一枚のカードには、こんなメモをしている。

「オガダチ（雷）が鳴った時の唱え言

　クワバラトウダイ

　クワバラトウダイ

子どもの時オガダチ鳴ったら、ヘソずったり（しっかり）押えていた。学校の行き帰りにこれに会った時には菅笠の前方に桑の枝をさした」

九州などでも学校帰りの子たちが桑枝を頭にさしかけたり、また番傘の金具にはさみこんだ話を聞かされたものだ。

「雷なった時は桑畑や麻《お》畑に入ればいい」

と聞いたのも九州は人吉市の近くの錦町中原である。対馬の上県町（現・対馬市）女連《うなつら》では、家の周囲に桑木を植えると雷が落ちないという。

桑畑に入ると同じ対処法で、桑の木の下に入るというのは新潟の上川村（現・阿賀町）九島のか

くよさんから教えられている。ただし、そばに桑の木がない場合は、

「桑ばら　桑ばら」

と唱えるだけでもいいのだと。

このクワバラの呪文は全国にわたって通用するもので、現に今私たちも使っている。雷に対してばかりでなく、このような嫌《いと》うべきものにはなににでもと、いささか無節操に領域を広げているのだけれど、それはともかく、雷に対する桑の木の呪法のいかに普遍的であったかをよろしく私たちに語るものであろう。

南天の箸

箸はよく土産物にされる。参拝記念や観光地の土産物店で、さてなにか一品というと、かさばらず、実用に供せ、そして財布にもさしてひびかないこれなどが格好になるのである。またそれらにはたいてい縁起のいい口上がつき、長寿箸だとか、厄除・開運だとか銘うってあるもので、まさかそれを信用するものでもないけれど、心の内では知らず贈る人たちにそれを望んでいるものか、つい求めてしまったりするのである。

そうした縁起では、近頃では南天がいちばん多いようであるから、どこの家にも何膳かはあるのではないだろうか。私の台所にも温泉土産の白南天の夫婦箸、黒南天の箸一膳と、それと対になっていた只今使っている黒南天の飯ベラとがある。

飯ベラにいたっては当然ながら、材料をたっぷり使った角箸など、細い木の南天からどうして取れるのかと疑っていたが、こうした市販の箸はナンテンギリとか呼ぶ大木になる木か、また外材を利用しているのだという。もちろんこんなに手広く商品化される前は、庭などの南天がささやかな家族の箸にされていたものと思われる。岐阜の上宝村（現・高山市）見座のあたりは大年（大晦日）に一年分の箸かきをするのだが、後年は桧材を使うようになったものの、親の子どもの時はナンテンだったといっていたと明治四十二年生れの河谷ゆきえさんが話してくれた。

一年中の箸はともかく、ナンテン箸を災難よけに使うという伝承は全国的なものである。その除ける災難というのが「中風」であるというのも桑の場合とまったく共通である。どこでもここでも「ナンテン箸は中気にかからん」「中風よける」というもので、稀には福島県塙《はなわ》町丸ケ草のまつよさんのように「ナンテン箸は歯やまない」といった人もある。中風の恐れは、作物の青枯れするように、半分生かしの萎えの状態で、それで九州熊本県錦町中原でのように「ナンテンで箸作ればきゃあなえん」とも表現をする。「○○さんきゃあなえやったげな」と噂する。

南天が魔よけ、そうでないまでもなにか悪いものを除けるということなら誰でも知っていよう。その点これは桑よりもはるかに人に馴染があり、また利用度もずっと上をいく。この木が身近に多いせいもあるだろうが、今の若い人たちでも不思議に贈り物、ことに赤飯にはナンテン葉を添えるものと固執する人がいるし、いちいちにこれが適わない仕出屋の弁当などでは、包み紙に南天の絵を印刷して律気さを見せるのだ。

この南天が各地でお守りにされていることもほとんど桑と共通である。

岩手の釜石市唐丹では、流行病《はやり》などに門に杉の枝と南天枝を吊るした。話し手のキミエさんは〝なんてもなくすぎた〟のいわれだと教えてくれたが、これは南天を〝難を転ずる〟とこじつけるのと一つだろう。

福島や茨城では子の百日咳、また風邪や虫切りに南天小枝を中くびれに削って子どもの背中に吊してやる。福島の矢祭町《やまつりまち》栗生ではこれを「杵」と称した。この場合の杵は一つ手でも握れる立杵である。千葉の東海岸大原町（現・いすみ市）浪花では百日咳にナンバン（唐辛子）とニンニクを入れた巾着に南天の軸をしばりつけて腰に吊るした。

桑のところでも、ナンバン・ニンニクが登場していたが、これら二つも魔よけの代表選手のようなものなのである。

静岡の御前崎でもヒシャブキ（百日咳）がはやり出すと南天の杵型にしたものを子の着物の背中にくくりつける。三ミリぐらいの細いものだから障ることがないとさくさんがいった。こうした病気がたいてい寒い時期にはやり、着ぶくれているだろうし、また綿入れのハンコ（袖なし）の背にというところも多いからそれならいっそう苦にならない。愛知の山間部では「シロナルテン（白南天）でツチンコ（槌コ）作り」などと多くいい、子どもにつけるばかりでなく、赤痢には大人もつけたと東栄町尾籠では聞かされた。学校生徒は腰に下げるので、男の子たちがひっぱっていたずらするという。

一方、たびたび対象になる百日咳は幼児がかかるものだが、三重県の宮川村（現・大台町）辺では南天のひょうたんを背につけ、「昔はよけいおいねていたな」と語られる。

福井の名田庄《なたしょう》村棚橋（現・おおい町）という山深い村で内谷まりのさんはこんなに話した。

「南天枝で小さな槌作り子どもの腰に下げておいた。南天はいい香《かざ》する。御馳走人の家に持って行く時は南天枝添える。人が死んだ時、四十九日まで逮夜《たいや》ごとに念仏申しに行くのに親戚の家ではたいていぼた餅作って行った。それにもつけた」

四国、九州も通して似たようだが、福岡の志賀島で怪我せんごとといって子どもの時はいつでもつけさせられたというのは珍しい。真中くびれの槌を糸で首に吊るので、風呂に入るとプカリ浮くと。これは佐賀の富士町（現・佐賀市）柚ノ木でも教えられた。こちらでは「川流れせんごと」といって学校入るぐらいまで何年も首に吊るのだった。

家の戸口に下げて魔よけにすることもやはり桑との共通が見られ、子どもにつけるのと同じ横槌を吊したりするのである。槌ではないものの南天の枝を戸口に吊したのなら、私は京都の南端部和束町《わづかちょう》五ノ瀬で目にしている。昭和五十五年の冬だったが、見事な鈴なりの赤実をつけた一枝が、これも真赤な唐辛子四、五本と共にくくり吊されていた。いわれを問うての答は、「悪いかぜの入らないように」とのことである。悪いかぜは災を運んで来る魔風でもあり病気の風邪でもあるのだろう。

こうした枝を吊る風は他ではあまり目にしていないが、その代わり家まわりに南天の木を植えている屋敷にならそれこそ年中会う。むしろ南天の姿を見ない村というのも稀なもので、是非なく南天を植えるとする地方の方が多いのである。東北はあまり南天の育つ条件には合わないらしいが、山形や福島ではよく植えられているし、新潟の北でも昔の家はどうでも南天を植えたものという。丹波、丹後の私のまわったところは家ごとにこれがあったし、ちょうど冬期にまわった広島の北部山間地帯はたいてい家ごとに二、三株あるのを華やかな赤実が教えた。美土里町《みどりちょう》（現・安芸高田市）のある家などあまりの多さに数えてみたら十一本もあったのである。九州出水市《いずみし》上大川内のあたりはたいがい戸口に植えてあるもので、明治三十二年生れのしなさんは「病気入ってこん」といった。

サルトリイバラの箸

日光にも近い、栃木県鹿沼市《かぬまし》のいちばん奥の古峯原《こぶがはら》に行った。県南部を何日かかけて歩いた後に廻ったもので粟野町（現・鹿沼市）の口粟野から粟野川に沿って川上まで行き、さらに山の道を二十キロばかり進む。この山には古峯神社《ふるみねじんじゃ》といって火伏せの神様として関東一円から東北に厚い信仰を受けている神社があり、何々講中などと客筋を銘記した大型バスが乗りつける。たいていは一晩こもって祈祷を受けるのであり、一時に千人もおこもり可能というような話であった。

私も一晩ここに泊めてもらった。個室ももらえたし、寝具は清潔、応待は尋常、何百畳敷の大広間で各人膳をもらってする食事は精進料理で、量はそう多くないが形、味は潔い。

夕食後、拝殿に集まって祈祷を受ける。その数七、八十人か、重そうなほど大きい御幣でお祓いを受けた後、祝詞があり、続いて祝詞の調子で律気に一人ずつの名前を読む。これが延々と続く。

終り頃に、

「秩父市に住める、斎藤のーたま」

と私の名も出、古風な呼ばれ方に嬉しくなる。

　これより一、二キロ下に古峯原の小部落がある。そのとりつきの小家で弁当を使わせてもらった。村の様子を教えてもらうつもりで寄ったのであったが、小立さんという御夫婦はちょうど昼をとっておられるところで、これ幸と便乗した。外は寒いばかりでなく雪になっていたのだった。

サルトリイバラの箸

（鹿沼市古峯原）

　ストーブをはさんで隣の御主人の使う箸が珍しい。色が黄色で艶よく、軽々としているところは中が空洞のプラスチックの作り物を思わせるのだが、渋みのある色がなんとも美しい。それに両のてっぺんに節とも見えるでっぱりが見られる。

　食事が済むのを待って、「珍しい箸ですね」といってみると、奥さんが洗って来て手渡してくれた。改めて眺めるにますます好もしい。見た目のとおり軽やか、しかし太さは大人の指ほどもあってふっくらとしたぬくみを持ち、その落ち着いた黄色の面には汚れやシミが一つもない。それに先細りに削りとげた箸先は、薄茶色の地色を呈したその上に、何段もの縞目がくっきりと浮いているのである。おそらく年輪と思わ

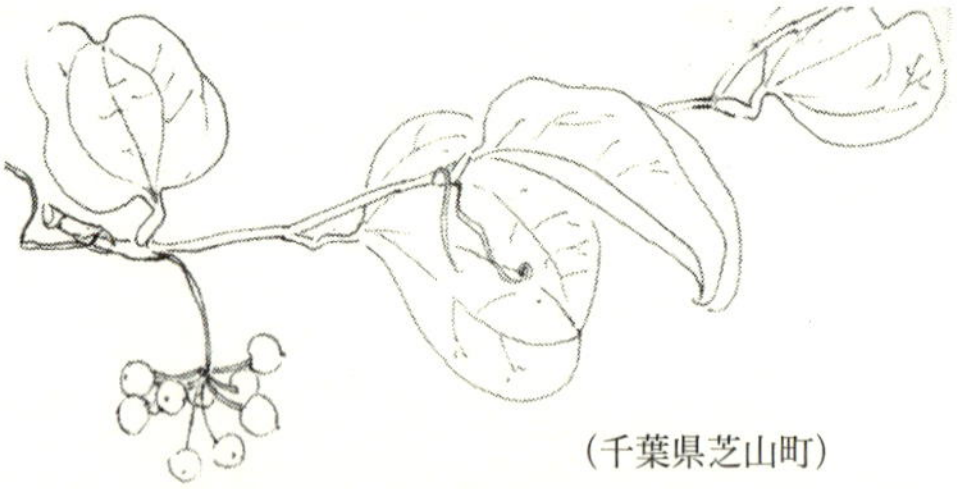

（千葉県芝山町）

サルトリイバラ

れ、六、七段はあったからそれほどの年を経ているのであろう。

サンキリバラ（サルトリイバラ）の箸だという。必ずしもこの箸が一般的ではないようで、ただ山仕事の人たちが弁当の箸に急ごしらえをする。この箸も御主人が弁当の箸を忘れた時に作り、それきりにするのも勿体ないので家に持ち帰って使用しているのだという。

サルトリイバラを箸にするとはその前からも聞き知っていた。やはり山の弁当になど用立てるとのことであった。けれどもサルトリイバラは細いつる植物なのである。山道などで目にするのはたいてい少し番手《ばんて》の多い針金ぐらいの細さだ。これを箸にするといっても、私たちが子どもの頃山で開く弁当の箸に枯れたススキの軸を使った、せいぜいそれほどの間に合わせものとばかり思っていたのである。

只今記録カードを手にしている。そもそもサルトリイバラを箸の材料にすると耳にしたいちばんはじめは、昭和五十五年、滋賀の土山町（現・甲賀《こうか》市）鮎河であった。その頃はまだほとんど関心を持たなかったらしく、記録の文面は、

「ガンタチイバラ（サルトリイバラ）――箸にする」

と、たったこればかりである。

昭和五十八年のものになると、いくらかは気を入れていて、まずは山口の二枚、記載をそのまま写せば、川上村（現・萩市）江舟での聞き取りで、

「ホテンドウ――サルトリイバラ、葉を柏にする（餅に）、茎の真直ぐなところを箸にする。食べ口は削って、普段に使う。ただし竹を削った箸を用いる方が多い。」

とあり、また一枚、徳地町（現・山口市）中野のものとして、

「カシワイゲ――サルトリイバラ、茎の真直ぐなところで箸にする。」

とある。

ここから私は九州にまわり、帰りに愛媛に寄った。そのそれぞれのところで、

「マジュウシバ――山で弁当を使う時、茎を箸にする。（佐賀県富士町〔現・佐賀市〕日池）

サルカケ――節から節までのところでジョウギバシ（普段用の箸）にする。また菜箸にもする。（熊本県相良村初神）

サンキラの箸で食べれば歯丈夫になるといった。（愛媛県瀬戸町〔現・伊方町〕塩成）」

次いでこの一年置いた五十九年の静岡、岐阜の旅では長野県中川村瀬沢で、

「サンキライ（サルトリイバラ）の箸で食べると産が軽いという」

と聞いており、岐阜では何ケ所かで次のように書きとめている。

「ダルマメ――サルトリイバラ、これの箸を使うと歯病まぬという」（久瀬村〔現・揖斐川町〕小津）

「サルカケ――サルトリイバラ、箸にして使うと歯丈夫になるという」（久瀬村津汲、春日村六合、坂内村〔現・揖斐川町〕川上）

ところで私はこの岐阜でサルトリイバラの箸の曰くを感づかされたのであった。右の紹介地名にも現れた久瀬村津汲の村で増本凉喜さんの言葉に、当地の箸作りの材料として次なる名前が並べられたからであった。

「クロモジ、サルカケ（サルトリイバラ）、トリトマラズ」

クロモジは別に置いておいて、トリトマラズといったら文字どおり小鳥が止まるのも拒む切先鋭い縫い針のような刺の持ち主なのである。ここまでくればサルトリイバラの狙いが刺にあったことは誰にとっても歴然としよう。

記録カードをつき合わせるなら、ここに加えられるもう一つの刺木についても私はすでに耳にしていたのであった。静岡市小河内や奥仙俣、また水窪町《みさくぼちょう》（現・浜松市）門桁《かどげた》では、やはりトリトマラズとよく似たメギで箸を作り、目の薬だという。静岡市井川で荒尾英太郎さんはこんなにもいった。

「この箸を使うと眼悪くならない。悪い眼でもなおるという。メキは湯呑茶碗ぐらいの太さにしかならない。長い刺いっぱいで近くに寄れない」

これより前の年に長野の長谷村（現・伊那市）非持山でも「メギで作った箸使うと目病まん」という聞き書きをしているし、同じ長野の三郷村（現・安曇野市）小倉ではクロツバラと呼ぶやはりひどい刺のある木を普段の箸にしたことを聞いた。

刺木の効用

「刺」もまた立派な魔よけの一つであった。例としては、いちばんに節分のヒイラギを思えばいいだろう。ヒイラギの代りには葉先が針になっている榧《かや》も使われる。それからいよいよ刺木の総代を務めるようなタラも節分の戸口の守りに立てられる。節分ばかりでもなく、アイヌでは常時脛《すね》ぐらいの高さのタラを入口の柱の傍に元は地に埋めて立てかけておくと、北海道釧路市徹別《てしべつ》の八重さんが話した。

アイヌの人たちといえば、また苺のなる木でもっとも刺盛んなもの（熊苺かと思う）をフレアユシニと呼び、ものがついたり、化かされたり、外で死んだ人を家に入れたりする時に、これを手草《たくさ》として叩き祓うのだ。

宮城の唐桑《からくわ》半島の高石浜で、熊谷さんたちもモガキバラという赤実のなる茨を（これはノイバララしい）戸口のなげしや柱に沿わせて釘で打ちつけておいたそうだ。当地ではこのモガキバラは人の死んだ折、棺の出た後の座敷を祓い掃く品でもある。この後の話は岩手の方にも見られ、埋葬後の塚上にバラを立てて置く地もある。

最後になってもう一枚関連のカードが出て来た。岩手の普代村黒崎では山椒を角箸にした。トリキ（クロモジ）と共に客用に供したという。山椒は「行事の箸」のところでも述べる。これも今まで登場したもの等には勝ることがあってもひけを取らない刺木だった。

クロモジの箸

山にはにおいを発する木も幾つかあるが、クロモジほど高い香りを放つのもないのではないかと思う。秋田の大館市比内町味噌内《ひないまちみそない》で明治二十四年生れの野呂しゅんさんがいっていたことだが、トリコシバ（クロモジ）の実はコハズケ（ナツハゼ）みたいで熟めば真黒になり、臭いが強い。この実を乾燥して臼で搗《つ》き、布袋に入れて蒸《ふ》かして、重しをかけて油をしぼり髪油に使った。しかし臭いがあるので人によって好き嫌いがあると。

鳥取の赤碕町（現・琴浦町）のあたりはクロモジをフクギと呼んで、これの垣を家まわりに立てるのが普通であった。一間ぐらい間隔に杭を立て、竹を二段か三段に渡し、両側をこのようにした中にフクギを立ててはさみ込む。このフクギの垣、新しいうちはもちろんのこと、枯れても傍に寄ると香がしたそうである。どこの家でもやることで、「今日は寺の垣がらみだ」などという。

山形の南端、小国町大石沢ではクロモジをトリキと呼んで、「トリキの箸は虫歯にならぬ」といって使っている。岩手の海岸沿いの方でも箸にすることは広範囲だが、薬効のほどが歯痛ではなくて、切傷などにこの皮を煎じた汁をつけ、大変よくきくという。岐阜の徳山村（現・揖斐川町）門入でいうのは腹痛で、山でこれが起った時にはクロモンジの皮を削って飲むとのことであった。

熊本の五木村でもクロモジの箸が一般に使われていることを、昭和五十八年に訪れた時に知った。村の中心部から西の奥に入った下谷という八軒ほどの小部落で豊原たかさん（明治三十一年生れ）によれば、このあたりでは年の晩（大晦日）の年取の膳は栗の箸で食べる。しかし正月用にこしらえるのはクロモジの箸で、こちらはその後一年中の用にあてるとのことであった。

クロモジの箸

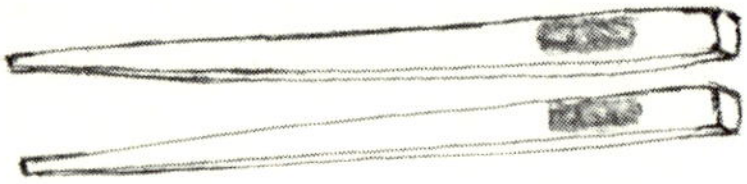

（熊本県五木村下谷）

話なかばにたかさんは、「これがその箸」といって茶うけに添えて当の箸を出してくれた。長さは手ごろ、やや先細りに全体をすっきりと削り、てっぺんに一部皮つきのまま残してある。クロモジの皮目は、緑色の地の上に墨をかけ、こすってむらに地色を現したように含みがある。その皮を巾は狭めに、きっちり短冊形に残してあるので、象嵌したように美しい。たかさんは、元末《もとうら》はっきりさせるためだと笑っていったが、そうではないと思う。間違いなく〝美〞を狙っているのだ。

当地方では誰も彼も「お嶽さん参り」とて市房《いちふさ》神社（隣り水上村にある）に詣った。そこではクロモジの杖を売っていて、杖など必要ない者も買って帰った。そしてこの杖からも箸を作った。家族がお詣りすると近所の人が、

「お嶽さん詣ったげな、一つ箸分、わけてくれさい」

といってきたりする。この箸を使うと「歯の虫くわんげな」という。

同じ下谷で、さらに年上の明治二十五年生れの山口健蔵さんの話してくれるのも似たものであった。

「『クロモジの杖木』といって杖もたいていはクロモジで作った。市房神社にはクロモジの杖（クロモジだけだった）が売っていて、山には木がいくらでもあるばってん、参拝記念に買って来た。クロモジは箸にするによう割れる」

においの強いもの、いってみれば臭いものもモノ除けの一条件なのである。中で最大の力を誇るものはニンニクで、こちらは前の章の桑やナンテンよりはるかに手広く、頭のかんざしに貫かれ、着物の衿に縫いこまれ、首・腰に吊るされ、時には食べて腹中のお祓いにされる。家入口に吊るされる魔よけでもニンニクは今でも多く目にするものの一つである。もっともニンニクには限

らず、同じ類のネギ・ニラ・ラッキョウなどもそれに準じているのであるけれど。

クロモジをフクギと呼ぶ鳥取の赤碕町高岡のあたりでは、正月にフクジルと呼ぶものを飲んだ。高力彦造さん（明治三十二年生れ）の話では、フクギの枝先を折ったもの幾つかを水から入れて煮、しょうゆで味つけたものを三ヶ日のうち一回飲んだ。汁にはフクギの他なにも入れず、椀にも枝は盛りつけない。いい香がしたと。これも腹中のお祓いだったような気がする。

ウツギの箸

昭和五十五年は、北海道に二週間ほどいた後、船で青森の八戸に着き、それから岩手の海寄りの地を南下した。この旅で私はミツバウツギの木をはじめて知った。当地方ではもっぱらこれで箸を作るのである。

八戸の南で、岩手と境界を一つにする南郷村（現・八戸市）で耳にしたのがその最初、狄館《エゾタテ》の狄館かよさん（明治四十二年生れ）が箸を作るのはハシギだといった。

「ハシギは素性よく割れる。父親が刃物で押し分けるように、裏に廻したり、表に廻したりして割っていた。いろり縁のところで、足の下に板を敷き、それに当てて削る。その箸は一年中使う、正月のミダマメシにもそれ立てる」

ミダマメシは広く正月行事として行われる。箕《み》の上に握り飯を十二ケ並べ、その一つ一つに箸をつき立てるものである。

かよさんはなかなか実証的な人で、私がハシギについてのみこみ悪く何度も尋ねるのに、少し山道を行けばその木があるといって鉈《なた》を手に案内してくれた。しかし残念、「末は払ってある」と言い訳していたとおり、残っているのは幹ばかり、直径が二・五センチぐらい、いかにも緻密な木質で、ずしりと重く、切り口中央には径三ミリほどの髄が通っている。その髄の様子からウツギのようなのだが、皮色はずっと白っぽい。

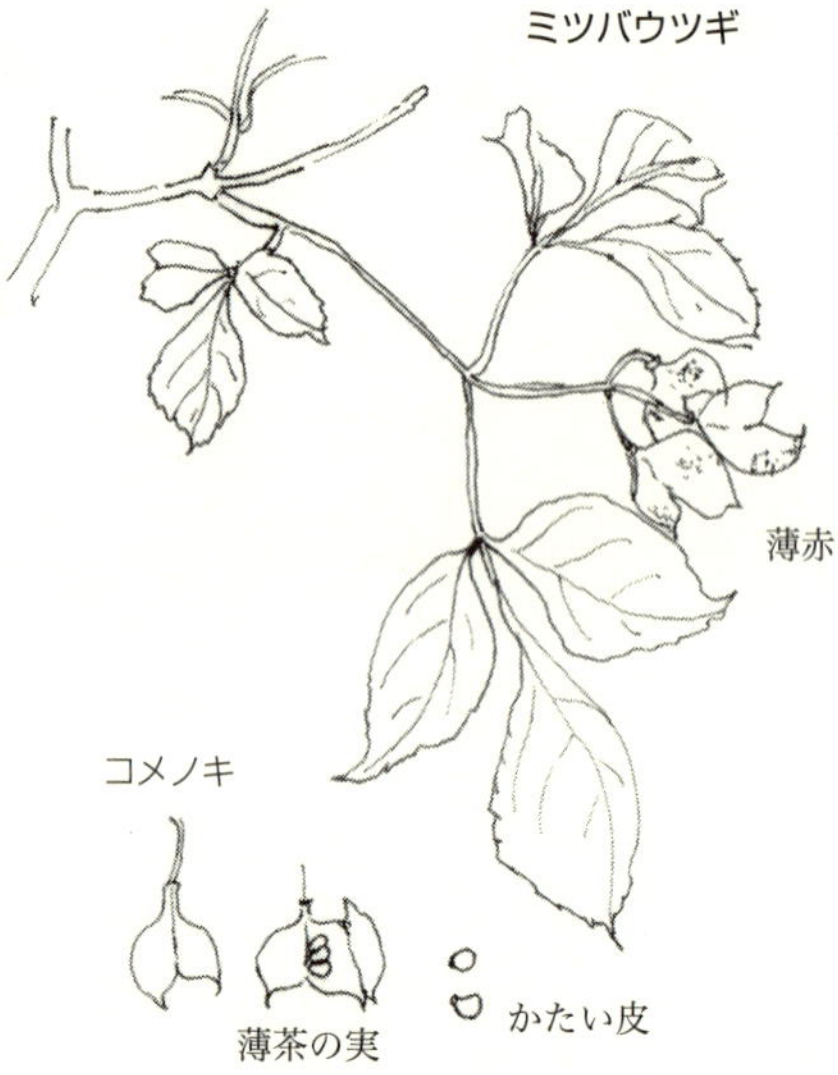

（岩手県普代村）

もし枝葉があったとて、植物に知識のない私には名前をいえるわけではなかったのだけれど、この場でミツバウツギと知れたのは、かよさんが見せてくれた『常民』という冊子によってである。何年か前に中央大学民俗研究会が調査に入り、かよさんも話者の一人となったそうで、出来た本が送られて来ていた。ミツバウツギの件はたしか正月行事の、今いうミダマノメシの項で注釈されていたのだったろう。

山越えをして岩手に入って最初の村になる軽米町《かるまいまち》小軽米でも名前はハシギと変らず、これの若い時分の葉は食べたと新しい情報が加えられる。箸にするのにも若枝を使うと匂いがするそうだ。そのにおいがいやで、山に行った時にはハシギではなくコメノキ（ムラサキシキブ）を使うといったのは小野寺さんであった。

同じ軽米町の増子内では、一晩宿を与えてくれた奥フジさんの若い嫁さんが、ハシギの葉を食べるのは知らないが、花をてんぷらにすると香りがいいと教えた。米粒のような花（つぼみ）が房のようになってつくから、形なりに揚げるのにも都合がいい。傍からフジさんが昔は食べなかったが、豆腐田楽をする時の串にも使ったといった。

このようにこの木には、臭いのあることが強調される。

これより海岸線に出て、少し南下したところの普代村に入ると、名前がコメノキになる。そしてここでようやく葉つきのミツバウツギに出会うことができた。時は九月、面白い形の実がぶら下っていた。皮袋を二つくっつけたような左右にふくらみを持つ形で、これがきゃしゃな枝先に数個ずつ群れ下っている。袋の中には堅い皮で包まれた丸い実が片側ずつの部屋に一ケから四ケずつ納められている。

こんな楽しい品物を子どもが放っておくはずもなく、ママゴトでは私たちが露草の玉をそうしたように〝米〟に見立てて遊ばれているのだ。南の、田老町（現・宮古市）から嫁入っていられる人によると、そちらでは「俵」と呼んだという。普代村黒崎では、これより後葉が落ちて実だけが下ったのを取ってガラガラの玩具にした。またその黒崎や大田名部のいずれでも聞いたことに、さやの袋をぱちんぱちんつぶしても遊んだ。これは中の〝米〟がまだ太る前であろう。黒崎ではコメノキは杖にもするし、太いのを割って魚を焼く時の串にもする。

隣、田野畑村に入ってもコメノキの名前は変らない。年中の箸にされるが、これに関連して行事も語られ、沼袋では小正月にコメノキでタワラバシを作るという。俵箸は真中を特別に太くこしらえたもので、朝と晩とこの箸を使って食事をする。他もこうである。

「普段の箸作る。正月十五日はコメノキで箸作り、晩に新しいので食べる。少し匂う」（北山）

「普段の箸にする。また小正月、大師講の箸にもする。豆腐田楽の串も作る」（明戸、羅賀、島ノ越）

正月はもとより、大師講と呼ばれる節日にも、普段は用いられない特別な箸が用意されるところが多いのである。

岩泉町小本《おもと》は海岸寄りの地で、ここでの話はみんな小成チヨさん（明治二十九年生れ）に依るのだけれど、そのチヨさんの場合は、

「正月に食う箸だといって毎年正月来る前に削って用意した。そのまま毎日の箸にする。コメノギは節コないから裂けやすい。ここらじゃ大師さまの箸は栗でこしゃう」

三陸町は釜石市の南隣になる。ここで道連れになった武山キミエさんが、沢縁のミツバウツギを見て名前をコメコヌギと教えた後に、実の袋は「二つホウズキ」と呼んで、ママゴト遊びに使ったといったことだった。

岩手が終って宮城県側になり、最初に現れるのが気仙沼市、その東の海に伸び出している部分が唐桑町（現・気仙沼市）である。大沢という山寄りの村で小半日相手してくれた千葉亀太郎さんは、

「コメコノギの箸使うと病まぬといった。コメコノギと、ウツギを昔は箪笥作る時の木釘にした。削ってから米糠の中で炒ってから使う」

ウツギは、この辺で葬式に数珠を作る白花の咲く普通のものである。

宮城も半ばまで下った女川町横浦では、箸はアオノキ（ウリハダカエデ?）で作るものの、火箸はコメヌギ（ミツバウツギ）で作ると聞いた。

以上が前にいう五十五年の旅で得た全資料である。私のみたところミツバウツギは、太目の幹を求めて、割って削って作るのが当地方の定まった型であった。ところが、これより十年余後の

平成五年と六年に内陸部に入った数ヶ所を歩き、ここで耳にしたのが、同じミツバウツギながらまるで材料まで変るようにがらり製法の異なるのが不思議だった。山形県に接することになる宮城の西奥の鳴子町（現・大崎市）大森平で大場栄子さんの話、

「ハシギ（ミツバウツギ）は素性いい。ごよ（新枝）真直ぐ伸びるのでそいづば取り、箸に切ってから水（米のとぎ汁）で煮る。そしたら皮楽にむけるはんで、皮むいて束ねて干す。一年中使う。箸は切ったそのまま、先削ることはない。ハシギはうづぎ（ウツギ）の花みたい、なばって（垂れて）白い花咲く」

鬼首岩入《おにこうべ》の部落に入ってうかがった高橋陽一さんの話も同じようだった。

「ごよを箸にする。〝箸八寸〟といって、それぐらいの長さに切り、しろ水で二時間ぐらい煮る。五百本ぐらい一度に煮る。広げて乾燥し、一年中使う。今（六月現在）の時期は皮むけやすいげんと木が柔《やっ》こいので、秋皮がむけなくなってから切る」

「コメゴメ（ミツバウツギ）おっぴさん（曽祖母）によく食わせられた」

こう付け足したのは、同席して居た息子の彦成さん（昭和十一年生れ）である。

「若芽をつぼみも一緒に採り、ジュウネン（エゴマ）、紫蘇の実、菜種実などすり鉢ですったので和物《あえもの》にする。この時期には主食に近い」

主食といっても飯代りではないのだろうから、毎日のように食べたというほどの意味なのだろう。

同じ部落で立ち話した婦人が箸の作り方を説明して、

「包丁でころころ転がして切るものだった」

といったのは、この箸がどの程度のものか、堅さ、太さなどの想像をするのに役立つ。

少し東北を離れて、栃木県粟野町（現・鹿沼市）五月でハシギと呼ぶのはなんの木のことか確かめられなかったのだが、話の様子がそっくりだから、多分ミツバウツギではなかろうか。善一さんが話してくれて、

「ハシギは元も末もねえよう、どっちから食べてもよくて都合がいい。削ることはしない。箸の寸法に切ったら茹でて皮むき晒す、二、三日も。真白になる。晒さねと少し臭い。山仕事に行った時も皮ちょっと削り使う。白い小さな花、木大きくならぬ。木肌が黄色で、中は白い。刈り桑のように株からぞっくり出る。土手のへつり（縁）などによくある。一年中の箸にし、毎年正月の頃とっかえた。正月一月三日のおざく山の甘酒まつりに餅など供える、その箸は今でも使っている」

じつはハシギと名前は共通ながら、私には木が同定できないのがいくつもあるのである。その

幾つかをここに列挙してみる。

青森県東北町甲地で福之助さんのいっていた、

「ハシギは今めったにない。細くて一メートルぐらいの丈、枝はない。箸に切り、茹でて手でこすり揉むと皮がとれ、下は真白。ハシギの根はだいて（粉にして）食べた話がある」

このハシギも、食用に継がるところを見ると、安心してミツバウツギに加えていいように思う。

さて、鳴子町の東隣の栗駒町（現・栗原町）に入って松倉の昭広さんの話、

「中気たたぬといって箸にする。釘にもする。太鼓の撥《ばち》にもいい。皮の下ぬるぬるする。ノリウツギていう木だ」

昭広さんは草木の標準名もよく知っており、研究熱心な方のようであったが、この名前は少し心配だ。しかしそれもわからない。栃木県粟野町下永野で勇さんより、

「杉や刈原などにある。茹でて皮むいて箸にする。シロヤマブキ（コゴメウツギ）より葉小さい。菜箸にもする」

と、ミツバウツギの他はないと思われる木の名前にノリギと聞いている。煮た皮がぬるぬるするからこの系統の名前になる可能性もあるのだ。

岩手の遠野ではまた名前はコメノギ、コメヌギになる。やはりどこでも若芽は食べ、新枝の細

いところを煮て皮をとりそのまま箸にする。上附馬牛《かみつきもうし》の山下正さんは太鼓の撥《ばち》にもすると教えたものだったが、してみるとこちらにも太い木がないわけでなく、枝なりに利用するのは、単に手数が省けるというのであろうか。

いや、煮る工程が入るようになったのは、丸枝を使う地帯に入ってからで、その目的は皮をはがすことにあったと見られる。そしてその皮を除こうとしたのは、そこに臭いの元があったためらしい。

新潟の十日町市の山間部やこれより少し西の松代町（現・十日町市）で「ウツギでめし箸にする」というウツギも「ボエ（若枝）切ったところに出る新芽を摘んで食べる」（十日町市落之水）というのだからミツバウツギに間違いないだろうと思う。同じ十日町千年では、そのウツギの葉を蕗漬《ふきづけ》に厚くかぶせる。間々にも入れるならなおいいといった。これはなにかじっさいの効能があるものか、それとも香りか。

メシバシは御飯を食べる箸ではなくて、いろりにかけた大鍋で飯を炊いていた時分、ふいたところで鍋中を突いたり、掻きまぜたりするもので、格別に形大きく頑丈な箸である。松代町の西隣の安塚町（現・上越市）樽田ではこれがマナバシと名が変り、マナバシはウツギで作り、普通の御膳を食べるのは萩箸であると、これは昭和五十六年に出会った明治二十六年生れの松野エソさんから聞いた。

三重県熊野市育生町で川畑貞穏さん（明治三十七年生れ）が「ウツギの箸は虫歯ならんという」といった。このウツギは卯の花の咲く標準名のウツギであろうか、それともやはりミツバウツギをいうのだろうか。岐阜の久瀬村（現・揖斐川町）小津や津汲ではコメウツギ、またコゴメウツギは山椒やウコギと混ぜてた食べたというから間違いないが、しかし当地方では木が匂うので箸には折らぬと小津のきんさんの息子さんの言だった。

先年（平成八年）歩いた広島の、島根に近い山間部でハシギ（ミツバウツギ）と呼ぶのは、これは実物を目にしながらの話で不安がない。高野町（現・庄原市）上湯川では、割って作るのではなくて「すっすっと新枝伸びたのを、先を削げるぐらい」にして箸にする。口和町《くちわちょう》（現・庄原市）竹地谷で英子さんは、

「花咲く前、山椒などと煮たりする。山で弁当食べる時、親に箸作ってもらうのが楽しみ、ハシギは谷ばらにある」

といった。

箸をこしらえるウツギだから、鳥取日南町小原でハシオツギと呼ぶのもミツバウツギに違いない。これでマナバシを作り、正月に鍋から餅をはさみ上げるのに使う。

「どうでも正月に皮はいで餅はさみおりました」

とシゲヨさん（明治四十一年生れ）が聞かせた。枝を皮むいただけの箸で年間使用する。

これより北東に、間に一つ町を置いた次の江府町御机《こうふちょうみつくえ》でハシレウツギというのは、しかしどうでも卯の花のウツギの方に思われる。山崎操さんの話、

「ハシレウツギでマナバシ作る。大年の晩によう作った。太いのを割って、皮の方に反るので皮べの方削る。ハシレウツギは中皮が腹痛い時の薬になる。山で腹痛くなったら生葉をかむ。筋炎に葉を揉んで汁飲んだ、大変苦い。四月八日にハシレウツギの花さす」

後半、荒皮の下の内皮がひどく苦く腹薬にされること、四月八日の竿花にされること、これらは卯の花のウツギに該当する話である。

後者二件の採集は昭和五十七年のこと、確認のとり方が粗末である。また話し手の方にしても、もう自分で手がける世代からは離れ、いずれも父親が削っているのを見ただけとのことであったから、ひょっとしたら二種のウツギの混同もあるかも知れない。ただハシレウツギがハシウツギを誤ったものではないのだけは確かで、この木は焚くと恐ろしくはしる（はねる）のである。中が洞だし、材質が堅固だときているから、竹と同じことが起るのである。

この焚いてはしる方のウツギ、いわゆる卯の花の咲くウツギは、信仰面での人との関わりがき

わめて深いものである。ことに人の死んだ折には多用され、死人には杖と称して身に添わせ、数珠に作られ、墓穴を掘る地取りの折にはウツギの枝で打ち祓い、穴を掘った後の守りに枝が立てられ、埋めた上の塚守りにもされ、火葬なれば骨挟みの箸にされる。死人が出た時はよほどなにかを警戒せねばならないのらしく、葬式に立ち会う妊婦は鏡と共にウツギを懐にし、子どもや病人にも背中に小枝を背負わしたり、身近に置いたりし、葬列の通る畑際にはウツギの枝をさしてまわる。

子どものお守りに小さい軸木を背中につけておくのも、前の桑やナンテンにおいてみたのと同様である。山の神には供え物とされ、正月にはわざとこの木が焚かれ、小正月の、節分と同様のヤツカガシにはイワシの頭をはさむ串とされる。

ミツバウツギの方もこれほど顕著ではないものの、前にも出たように正月のタワラバシが作られ、大師講の箸が作られたりする。「桐山の民俗」（信濃路出版）によれば「三ツ葉ウツ木を前の玄関に立てておく、まよけ」とある。山梨の早川町上湯島で聞いたのでは、コメゴメ（ミツバウツギ）では正月のハナ（削り花）も削るし、また一月十七日の山の神には、コメゴメで弓矢を作って家裏の杉の木などにかけておくという。ウツギとミツバウツギと、魔よけとなる特質は別のところにあるのかも知れないが、二者ともにいわくつきの木ではあるのだ。

ムラサキシキブの箸

ムラサキシキブを好む人は多いらしくて、町でも、山近い田舎村でさえ、よくこの木の庭木にされているのに出会う。最近活花にするので植えているのだと説明する人もある。秩父の町を歩いても、この家にも、あちらの生垣にもと目に入り、花がどんなだったか、みのる前の実の様子はどうかなど少しも気づかずにいたのに、俄の紫の実のお披露目にあって目を見張る。珠玉の群を糸で貫いたようにすっすっと伸びる枝の姿も厳しく身を持してなかなか好もしいのだ。

ムラサキシキブとはうがった名前だが、地方にはそれぞれに別名が出来ているのである。それがまるで申し合わせをしたように、コメゴメ系の名で埋められているのは面白い。

コメゴメといったら、前に見たミツバウツギと同一で、これでは両者の間に混乱を生じるのではと危惧される方もあるであろうが、そこは幸い、これも強烈に目を引く紫実のおかげで混乱が避けられる。それにミツバウツギが食用になることもあり、一言、三言の言葉を尽くしさえする

ムラサキシキブ

（秩父）

ならば両者の異同を確かめるのはそう難しいことではないのである。

特徴といえるほどではないと思うのだが、ムラサキシキブの箸は、家での食事用としてよりは山で使う箸として話されることが多い。東北などではことにミツバウツギの箸がもっぱらにされ、それでそちらにはハシギの名もあるほどなのだから、ムラサキシキブは従の位置に甘んじることにもなるのだろう。

青森県南郷村（現・八戸市）世増では、コメノキ（ムラサキシキブ）はのめっこい幹だから、皮をむかずにそのままで山弁当の箸にするといった。山の箸はコメノキと決まったようなもので、「コメノキ多い山行く時は箸持たない」ともいう。コメノキはたいそうしわい木で、同じところで増沢清次郎さんによれば、子どもたちが弓に作ったそうだ。この木にもミツバウツギ同様真中に白い芯が通っている。

ムラサキシキブのしわいことは南隣の岩手県軽米町でもノミの柄にすると聞いた。「ハシギ（ミツバウツギ）はまるっきりもろい」と。

しかし、もちろん家での箸にもしないことはなく、家でこの木の箸を使っているから山でもわざわざ木をさがして箸にするという人もいるのである。岩手県世田米町（現・住田町）合地沢のやえさんもこんなにいい、コメノキの箸は使いやすいと教える。大船渡市赤崎で吉田長六さんも同様で、

「コメノキ、秋こまかい青い実なる。真中に芯コあり、堅木でげんのうの柄にする。家で箸にする他、山でもコメノキ使い、食べた後では必ず二つに折ってすてる」

食後の箸を折りすてることはよく方々で聞くもので、山形で私なども子どもの頃に真似をしたが、大人は律気にこの風を守るものであった。

さい箸にする

山形の小国町では名前がコメゴメと変り、箸の中でも特にママバシを作るものである。大石沢の川崎みさをさんがママバシを説明してくれる。

「七、八人家族だと三升だき鍋ぐらいに飯炊いた。かまどが入ったのは後からで、前はいろりでばり、自在鉤でかけ鍋して炊く。煮立つはだつにママバシで掻きまわす。火の加減で片っ方だけ盛り上がったりするので、ママバシでそれば平らにするのだ。ママバシで突っつくとそこからまた煮え上がる」

でこぼこのままでは一方が柔らかく、山のところが半煮えだったりする。つついたり、掻いたりするので水気もしみ出、熱も通りやすくなるのだろう。

小国町に続く新潟は、ちょうど県中ほどの栃尾市のあたりまでも、飯箸にするところは共通である。栃尾市隣の下田村（現・三条市）江口生れのおばあさんは「メシバシにはコメゴメ（ムラサキシキブ）がいっちよかったの、六十センチぐらいの丈にして皮むき、いりご飯《まま》などかきまぜる」

イリゴママとは、イリゴ（くず米）を粉にしたものを水でしめし、御飯の水ひきがたにのせて蒸すものである。

「ばかちんこい実がつく」といったのは同じ村大谷の坂井みなさん。さかんに「こまけ実」、「こまっこうて」と強調する。

「コメゴメは真直ぐなずわい（新枝）伸びるでメシバシにする。切ったらしばって乾しておき、削って作る。飯炊く時は必ずメシバシでつつく。死んだ時の飯ばりつつかない」

死んだ時の飯とは死人のそばに置く枕飯のことで、これは特別粗末な扱いで調製されるのだ。ママバシ（さいばし）に関しては面白い話も聞いている。福島にも山形にも近い上川村（現・阿賀町）九島で五十嵐かくよさん（明治三十一年生れ）がいうことである。

「コゴメ（ムラサキシキブ）でサイバシにする。飯《まま》はかましはしない。かますとどろめくでな。たたつっつくだけ。年寄がコゴメの箸でつつくと飯《まま》増えるといっていた。家でも使ってみて、増えるということもないようだげんと。近頃までもコゴメば取って来ておいてママバシはどうでもこの箸にした」

なにをすれば神様の罰が当る。これを使えば長生きする、病気にならないとはよく言われることだが、多くはそれぞれの事態、習俗を徹底させるための方便であるらしい。千言の小言、苦言を呈してもなお履行されずに指導者をして苛々の極に立たせていたものでも、「神様の罰」などの一言でいっぺんに目的が達せられるのである。

なかでも「飯《まま》が増える」とは、物に細《こま》かい女たちをよく見てとっての出色の出来だと思う。

クイゾメの箸

どうでもムラサキシキブの箸でなければならないという、次のような儀礼的な使い方もあるのだった。山形の白鷹町浅立では、子どもが生れて男百十日、女百二十日目の食いぞめの祝にコメゴメの枝の皮をむいた箸で一口食べさせる。「コメゴメで食わせると丈夫になる」といった。

「コメゴメは白く細かい花で春いちばん早い。マンサクよりは遅いがコブシより早い、庭に植えてる人もある」

とも話し手のおばあさんがいった。

儀礼に登場するといえば、静岡市の口仙俣《くちせんまた》では小正月にこの箸を用意し、使い終ったものは川におさめるのであったし、県西の水窪町のあたりでは正月の削り花にする。名前はこちらもコメノキ、ゴメゴメの二種である。

数年前私は伊豆から船で新島に渡った。六月も末のことでちょうど蛍袋や、テイカカズラ、ガクアジサイが満開となっている中にもう一つ見知らぬ樹木の花があった。木の丈三メートルは越し、幹も直径二十センチほど、枝先の葉のつけ根ごとにごくごく細かい薄紫の花が固まりとなって連なり合い、時しも満開とあってオミナエシのくたったような少しいやな匂を発し、沢山の羽虫をまとわせている。葉っぱはガマズミ類を思わせる大葉なのだが、花だけを見るとムラサキシキブに近いのだ。

近くの道端の畑にいた婦人に尋ねると「ハシギ」との答であった。太いところを割って正月の箸に作る。それを一年中使う。「藤色のきれいな実なる」と。

これは島の奥の若郷部落の入口でのことで、部落に入ってはハシギと呼ぶ人も、またコミゴミと教える人もいた。この木が割れやすいこと、それで一年分の箸作りも難儀がないこと、コミゴミの紫の実がきれいで、昔花のなかった時分は墓にさしたと聞いたりした。図鑑で見るとオオムラサキシキブというもののようである。

それにしてもムラサキシキブに対してのコメゴメ系の名前は広くまで及んでおり、昭和五十二年に訪れた種子島でもゴメンゴメンノキの名を聞いていた。

ついでにその名の由来を考えれば、おそらくは実の細かいところからいうのであろう。折にふれ人々が強調していたように、この実は他には見られないほどの「こめえ実」なのである。コメゴメは感嘆の表出そのままに「細え、細え」だったのだろう。

そして細いだけにみのる実の数だけは多い。正月の数の子が縁起物になるように、尽きせぬ子孫を誇れるということは、魔よけになる条件の一つでもあった。

イチイの箸

北海道旭川の近文コタンでイチイの箸を求めた。ここは一つの観光地で土産物店がずらりと並ぶ。観光バスが間をおかずに発着し、客が大勢集まると踊を見せたり、ムックリの演奏があったりするようだ。

土産物店に並ぶのはどこの観光地にもあるようなこまごまとした物、アッシ織の小物、それに決まって彫物の熊。その中に箸は割合と場所を占めている。どこの店でも箸の色は二種、赤と白、白の方がほとんどで赤はわずかである。いずれも精巧な彫が施してある。

赤い方を手に取る。赤といっても、ベンガラを柔らかくしたような、やや桃色を含むおだやかな赤なのであるけれど、こんな色をした木は今まで見たことがない。口上書には、材料がイチイなること、この箸を用いれば災厄を除け、長寿をもたらす。古来〝笏《しゃく》〟にもされ、それゆえ従一位の位を得た由緒あるものだということが書き立てられている。

その由緒はいい、この箸にはもう一つとんでもない細工が施してあるのである。箸全体は先細りのふっくらとした出来で、丸箸を縦横が辛うじてわかるぐらいにやや平らめたものなのであるけれど、そのてっぺんに窓を切り、そこに同じ木の鈴が一つ吊るされているのだ。鈴は安全錠のつるの部分を長くしたような形で、はめ込み式にでもなっているかと目を凝らすがそんな跡もない。どう考えてもわからないからくりなのだが、その姿がなんとも可愛らしく、さして箸には関心を持っていなかった当時の私がつい求めたのはこれのせいでもあった。

この時は昭和五十五年、アイヌの習俗を知りたくて訪れたのだったが、これが思いの外難しく、純粋のアイヌはもういないといわれるし、いてもどちらかといえばアイヌであることをかくしたがる風が濃厚だ。旭川でも同様で、仕方なしに私は山の墓場に行くことにし、道に迷って軽四輪車に拾ってもらった。墓場に何用と怪訝な面持の中年男性に、出来ることなら墓場よりは生きた人の方がいいのだと告げると、彼はまるっきり気が進まぬ様子ながら、しかし親切心の方が勝ったというさまで「これから両親の家に行く、よかった

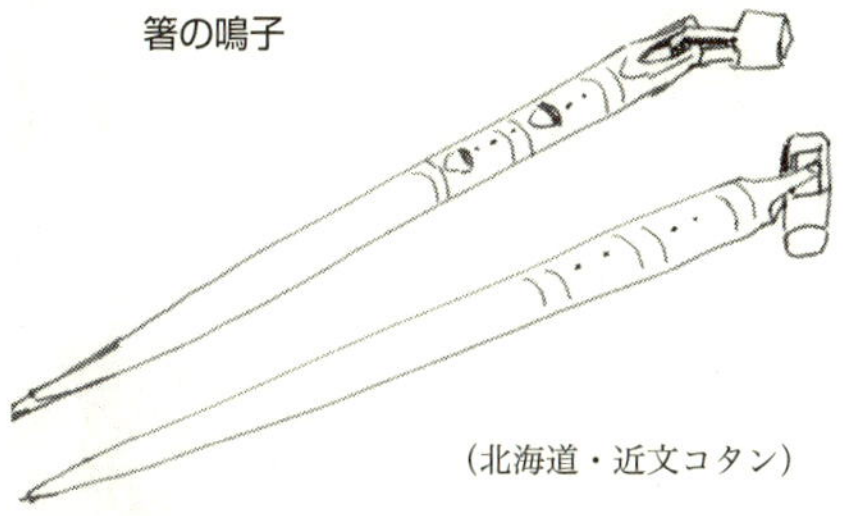

（北海道・近文コタン）

ら」といってくれた。

でこぼこの山道をずいぶん走って着いたのが一軒屋、開拓小屋か出作り小屋という簡素なもので、内側にも家具というものはほとんど目につかず、作業場のような空間に真中にダルマストーブだけがある。

そのストーブの根元で老夫婦は箸を作っているのだった。今ちょうど削っているのは例の白い、柳箸だという。膝の上に厚い木綿地を何枚か敷き、手つきが珍しいのは、私たちが外に向けて刃を走らせるのに、この人たちは手前に小刀を向けていること、彫りにかかる前の削りの段階のようであった。

私はいの一番に不思議でたまらなかった鈴、これはアイヌ語でコンコと呼ぶ、のからくりを尋ねた。どんなものでもそうだが種明かしがなされればなるほどと思う。こうなのである。一本木を箸の頭と、コンコの型とすっかり彫り、窓も切り、二つは鎖でつながった姿になっている。最後にそのくっつきの部分にナイフを入れるのだという。

それにしても、こんな細かい細工はどんなに根をつめる仕事かと思うと、それほどの難事でもないとの返事である。オンコ（イチイ）は細工するに楽な柔らかい木である。その点は柳の木にもいえそうなのだが、その上、細かい彫りや細工を施す時には一つのコツがあり、熱湯につけるのだという。ダルマストーブの上には大きなアルマイトのやかんが乗っているが、これに当座彫るだけのを、その部分を下にしてさしこんでおく。彫っている間にも時間が経ったりしたら何度でもつけ直しながら行うのだという。

イチイの赤はこの人たちにとっても特別なもので、これほど赤い木は他にないという。それについて、奥さんは、次のような感想を洩らした。イチイのコンコ付きの箸の製作はもちろん今いうやかんの湯につけながら行われるのである。一日の作業が終ってやかんの湯をすてるのに、これが冬場で雪の上であるなら、まるっきり人の血のようで気持悪いというのだった。

二人はたいへんな無口である。話してもらったのは今いったことぐらいだけ。顔を上げて向き合ってくれることもしない。まさに取りつくしまもないというところで、私はふたたび息子さんの車で当初の目的地の墓場まで連れ帰ってもらったのであったが、その際にまた違ったイチイの色に出会った。じつは息子さんが両親の家に用があったのは、軽四輪の荷台に積んだイチイの材木を届けることだったので、帰りに先立って布覆をはがして丈三十センチほどに玉切った大きなイチイの株を二

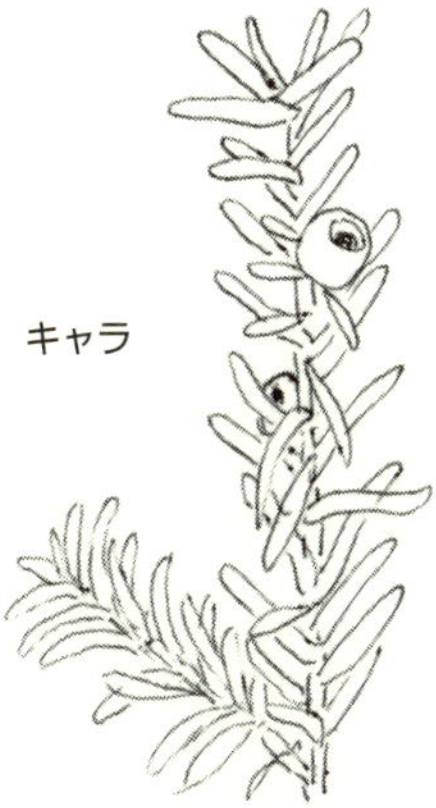

キャラ

つ、三つ降ろした。その切り口の真赤なのに私はまた驚いた。まさに血をふいたような紅色である。真新しい切り口とも思えなかった。しばし時を置くうちになお鮮やかな色になったのだろうか。全部が全部ではなく、もっとずっと薄い、まさに箸の色に近い面もあったのだが。

今イチイの木はたいへん少なくなって、伐採が禁止されている。箸にしようにも材料が得られない。息子さんの方はしかしわずかに入手する法があり、手に入るとこうして親たちに届けるとのことだった。運んでいるのを見付かっても罰をくうそうで、荷物に覆をかぶせていたのはそのためだった。

北海道を旅したと同じ年の秋、三重県の中ほどからやや南の宮川村（現・大台町）岩井で、アララギ（イチイ）に対する一信仰を聞かされた。

「姑がよくアララギの枝三十センチばかりを折って来て、悪病《わる》が入らないといって戸口に下げているもんでした。アララギの皮は煎じて糖尿病にいいという」

その頃私はアララギがイチイの別名なのも知らず、吉田みつえさん（大正元年生れ）が、直ぐ近間にあったのか折って来てくれた枝を見てさえイチイと定めかねていた。

しかし、北海道、東北のオンコに対して西にはアララギの名が多いようである。同じ三重の南部、尾鷲市五郷町寺谷では「アララギの箸ものあたりせんという」と聞いた。静岡市小河内では普段使う箸はアララギやメギで作るのだった。長野の辺りでも、アララギを今の人はイチイと呼ぶと教える。そのイチイを県南端部の阿南町新野では節分に燃す。ピチピチと音を立てるといったが、その音をパリパリと聞いたのはやまな富士五湖の一つ、西湖の近くの芦川村（現・笛吹市）中芦川、やはり節分の豆を炒るのに焚くものとされており、それで木の名前もパリパリである。

イチイが信仰の対象にされている源も、私は木の赤色にあると見ているのだ。〝赤色〟は、強力な避邪の色として知られている。魔よけにもっとも力ある「火」にかかわってのことかとも思うのだが、私たちは生れた時からこの色に守られる。少し前までは生れ子は男も女も赤着物に包まれるものだった。全部を赤にするのが難しくとも、衿とか、肩だけにとかその色をあて、それも余裕がなければ、赤い小布を背中につけ、または赤色の糸端を垂らす。安心出来る年頃になればその赤布も外されるが、それでもまた命のかかるはしか、ほうそうになどなると、たちまちに往時に帰り、赤着物ばかりか、部屋に赤布を張り、赤幣を切り、子には赤手拭をかぶせ、赤絵をあずけ、赤い起き上がり小法師を玩具にさせる。生れ子はなにかといえば額に火墨を塗られたり紅を塗られもするのである。

アイヌのコンコについてはもう少し言ってみたいこともあるのだった。冒頭にいう近文コタンには北村記念館というアイヌ家屋が建っており、日用家具などが少し展示してある。その中に木を刳《く》って作った鉢・椀が六、七個あり、それぞれにスプーンが添えてあった。大振りの鉢にはお玉杓子のようなもの、それ以下の割合小型の鉢にもやはりすくい分ける具なのだろう中形の杓子が、それからいちばん小振りな椀には一人用のものと思われる小さいスプーンというように。本体の鉢同様木を刳《く》っての、少し俄仕事とも思えるような荒削りのスプーンも混じるのだが、そのどれにも頭にコンコがつけられていた。

はじめ私はこれに微笑み、次いで遊び心旺盛なのだと思い、さらに最後はよっぽど暇のある人たちなのだとの一人決めに落ち着いた。

しかし、わずかではあるものの、この人たちの間をまわった後では、それは思えない。彼等はまだ魔もの世界に隣り合って住んでいる。年寄の人たちは今も熱心に魔よけを行っていた。たとえば私たちが五月の節句にだけしかやらなくなった菖蒲の厄除けを、この人たちはいつでも根を、緑の葉を戸口に吊し、御馳走の上にのせてお守りとしていた。病気がはやれば特別臭い木の枝を戸口に掲げ、湯に入れてのみ、とりわけこの人たちの信頼を受けているイケマは、ほとんど身につけずに出歩くことはないと聞かされたほどだった。

こうした、目に見えないものの脅威を身近に感じている人たちのことだからいっそうのこと、ただ意味もなくコンコをつけたとは考えられなくなる。〝音〟も立派な魔よけの一つであった。必ずしもあたりに響く大音でなくとも、弓の弦を震わす鳴り音も、時には笹の葉ずれの音も、反響をなす俎板の音も、ササラのようなひそやかなものさえもお祓いの用になったらしい。大きい音ならなお結構で臼音も信頼されていたようだし、大風や、赤子の夜泣きなどには拍子木が叩かれるのである。

子どもの背に木の〝槌〟や〝ひょうたん〟を守りに吊るすことはこれまでにも多く紹介したが、これに鈴をつけるところもある。金属で出来た小鈴が出廻ったのなどそう古くはなかろうけれど、これに類する音はそれ以前からも企まれていたと見え、木槌と共に穴開銭一枚、また二、三枚を吊る地があり、歩くたびにチャンチャン音がするという。そうでなくとも二個の木片を吊ることもする。はしかやはやり病に九州地方でナンテンの〝臼〟と〝杵〟とを吊るのなどもその目的には適うことになる。ささやかな音といったが、ウスタビガの繭に小豆粒や、小石を入れて子の背に吊ることも東北にはよく行われるのである。

アイヌの幼児の玩具にテッコッペ（手に付くもの）というのがある。名前のように手首に糸でしばりつけておくもので、ハンノキの細枝を短く切り中くびれにしてその部分に糸をくくりつける。いってみれば、他の地方で〝杵〟と称され、〝ひょうたん〟と呼ばれたのと一つ形だ。これを決まって二個手首につける。とうぜん幼児が手を動かすごとにぶっつかり合って音を出す。私は二風谷で民宿の御主人に実物を作ってもらい、リュックサックのポケットに入れておいたが、木が乾いたものらしく途中から不思議な高い音が響き出して驚かされたものである。アイヌの人たちは幼児が一人遊びするためのおしゃぶりだと説明してくれた。しかし私は、箸のコンコが箸の魔よけにもう一つ力を加えたように、幼い子を守るためのお守りだったろうと思っている。

竹の箸

今私の住んでいる周囲は竹藪が多くて、字名《あざな》は嶽《たけ》となっているのだが、本来はたけ（竹）だったのではないかと思ったりしている。竹は焚物にもたいへん便利で露天にある五右ヱ門風呂には、長いまま曳きずって来てくべる。燃えの良さは抜群、燃えた後の炭だってなかなか上等なのである。ただ焚物にする場合はまともな物では爆発音を発するものだから、わざと半分朽ちたのか、干割れの入ったものを選ぶことになる。それでも時折は思わぬ大音に飛び上がる。

二十五、六年前にこの山の空家に住みだした時は、客用にもと十膳だか詰め合わせになっている大量生産の塗り箸を用意した。自給自足を理想としながら、直ぐにはなかなか馴れないものである。それがある時思い立って竹箸を作ってみたら、思いもかけない気持の良い出来、すっかり気に入ってしまった。なんといっても竹箸は作るのが楽でいい。これほど割れやすい材質は他にはない。竹には導管というのだろうか、繊維の太いようなのが密に走っているから、まるで筮竹《ぜいちく》を分けるみたいに素直に割れるのである。今では私の箸作りにも型が出来てこんなに作る。箸の頭には節をもって来るので、その上一・五センチぐらいのところから箸丈の寸法をとって輪切りにし、半分半分と割っていって、最後は割箸のように、一本を二つに割って一膳組みとする。皮は美しいので残すのだが、まるまる残すのでは指の当りがよくないから、両側からわずかに食い込ませながら先細りにざっと削る。このざっとは、道具が武骨な鉈《なた》なのでどうしてもそうならざるを得ないのだが、反ってそのあたりがいいのらしくて、なかなかしゃんとした気骨のある箸になるのである。

それにここではいろりの火を焚くので、何年か使っている間に、煙が色を醸し、磨きをかけ、染めたり塗ったりでは得られない、熟れた葡萄のような赤色になり、すこぶる美しい。さらにその丈夫さといったら、私はかつてその折れを経験したことがないのである。長い間流し台の裏に転げ落ちて諦めていたものでも、洗えばすっかり元通りになる。凢に箸先を舐められたのは何本かあれ、損なわれたのはまったくない。

横道にそれるが、今不器用と騒がれる子どもにも結構この箸作りがなされることも目の当りにした。縁者の東京に住む小学四年生の男の子、この子は竹箸のファンで年ごとに作り与えていたのだが、夏休みに妹と泊まりに来た時にこちらの冷汗をよそに、鉈を使って自分の箸を削り上げた。さらに余力があったのか母親のために菜箸まで仕上げて帰った。近頃も富山の鱒寿司弁当には蓋の締め具に青竹がかまされている。先頃はその青竹を以て兄弟して箸作りをしたなどと母親が告げて来ていた。

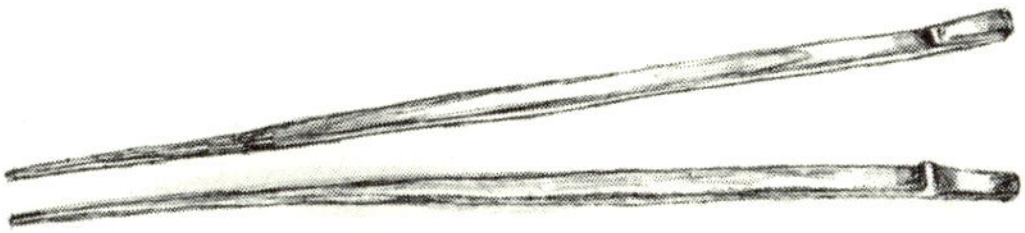

竹の箸

こんなに便利で、誰にでも作れる竹箸だから、竹のあるほどの土地で作られなかったところがなかったように私には思われる。事実そのような話は各地で聞かれ、千葉の我孫子市下ケ戸などでは、「竹の箸を使うと風邪ひかない」というほどなのだが、しかしその一方で竹箸を忌むとする地方もある。鳥取の南端、日南町阿毘縁《あびれ》できよのさん（明治二十八年生れ）はこんなにいったものだ。

「普段は竹箸するものでない。目見えなくなる」

これがいわれるいきさつもほぼ知れるのであり、ここ阿毘縁も同様、竹箸は葬式に使われるからである。人が死んだというと、近所、村中大忙しとなるが、その中に箸搔き役がつき、葬式の間中、また忌の期間中に用いられる竹箸が調製される。これと同じ形になるのを嫌うのだろう。

だが、次のような区別を施して用に充てる場合も多いのである。すなわち平生のは色を染めてしまう。徳島市に流れる鮎喰川に沿った神山町、その奥の木屋平村（現・美馬市）などいずれもいうことだが、神山町のまさるさんはこんなにいった。

「葬いには竹箸作る。それで普段竹の箸は使わんもんという。キビガラで染めたらかんまん」

島根の平田市（現・出雲市）野郷町や堂ノ本、西地会、この辺はいずれも、竹箸は葬式の他に四十九日なかえ（間中）使うのだという。普段使うのも竹箸だが、それはキビ殻で染めると。

面白いのはその染め方で、キビ殻を使うのにどこでも共通している。キビは人の背丈を越したほどに伸びる作物で、トウモロコシを痩せさせたような木の一本一本の頂に穂状の実がつき、キビ殻は、その実を包む外皮である。この木は全体赤色を呈しやすく、実を収穫した後に残る細かい殻も濃い赤みを現している。

徳島の中ほどよりやや西になる一宇村の白井で私はこの箸にお目にかかった。この辺は傾斜の厳しい山地で、山の平に少ない家が取りついている、もう少し西の祖谷山にも通じるたたずまいである。私が通った時も道端でそんな傾斜地に空中のワイヤーを通して、コウゾの束が運ばれ、その元に小さな作業の足場が出来ていて、女の人二、三人がコウゾの皮はぎの作業をしていた。若い人ばかりなので、中の一人が母親にといって傍の、やはり斜め高みにある家に連れていってくれた。大森いせのさん（大正四年生れ）という人で、前のコウゾ作業は息子さんのやっているものだった。

いせのさんはさっそくにまだ漬かりが浅いだろうといいながら、新しい沢庵漬を出して来て茶をくれたのだったが、それに添えたのが赤く染めた竹箸だった。どちらでも使えるように両端を削った丸箸で、私の作る箸などとは段違い、ていねいに平らに削ってある。赤さはそれほど濃くない。煙に合わせたのと違って艶もない。ベンガラのようで、ただしはもう少し軽快な赤みの勝ったものである。

キビ殻と一緒に鍋に入れて煮るそうだ。かまどの傍で、削っては入れ削っては入れするので、一晩でも二晩でも鍋をかけておいて染め上げるとのことだった。

こちらでは親切にしてもらって、その晩は隣にある先刻の娘さんの家に泊めてもらったのであったが、夕方母屋に茶のみに戻った息子さんが、その箸の削りようを説明してくれた。道具は鎌を使う。鎌柄を握って押えつけてやるが、動くので切先を下の台に打ちつけておき、右手に竹を持って手前に引きながら削る。植林をするのに山小屋に泊まる、その夜によくやったそうである。

染める時間に一晩も二晩もといわれたのは必須条件ではないのだろう。東祖谷山村《ひがしいややまそん》（現・三好市）で久保つねのさんのいい方では「一時間も一緒に煮る」とだけだった。

この染めようが各地で採用されているのである。

「普段の箸は竹削って作り、タガキビの殻煎じた汁で染める。塗物の薄いのぐらいのいい色になる。使っていてはげてきたらまた染め直す。このあたり雇われて来ている若い衆が大勢いた。それらが夜遊びに来た時夜なべに削ってもらったりし、そいづばおばあさんが染めてた」

これは岩手の三陸町（現・大船渡市）下甫嶺のキミへさんである。愛知の東栄町小林で内藤ひさえさんも、

「竹で箸作り、タカキビの殻入れて煮る。ベンガラの色になる」

といい、静岡市口仙俣のサクさんは、

「この奥の奥仙俣の生家で、父親が竹の箸をホモロコシ（キビ）で赤く染めていた。正月来る前きっと作るものだった」

といった。

九州も同様で対馬の女連《うなつら》で数人寄ったところで聞けば、

「葬いにも振舞にも竹のかい《ヽヽ》（掻き）箸、かく番な雇うて箸かいてもらう。普段は赤い染め箸だった。キビの籾がらで染める。染箸は振舞にも使った」

隣、壱岐では、タカキビの茎を一緒にたいて染める（芦辺町〔現・壱岐市〕川迎触《かわむかえふれ》）といったところ

もあったし、同じ町湯岳で江坂計之さんによれば、タカキビで染める他に山桃の樹皮でも染めたそうで、こちらは薄赤茶、または茶褐色になったという。

さて、葬いの箸と一緒になるから色をつけなければというのは、深い意味を持つものではなかろうと思う。この手は盛んに使われるのであって、なんでもかでも葬いで行うこととは区別しようとする。たとえば、めでたい時に搗く餅は葬いには搗かない。赤飯はしない、ヌルデは死人の杖にするから正月には使わない、燃やさない。

けれどもこれがいかに内容希薄であるかの証拠には、別の土地でなら人が死んだら餅は必ず搗かねばならない品だし、赤飯は大量に振舞われるものだし、ヌルデは正月や、子の誕生、家の新築などになくてならないものだ。話題の竹箸にしても、正月の箸としてどうでも用意するところが多いのである。

人の死も、生れた時、嫁入った時も、正月にもそっくり似たようなことが行われるというのは、表面はどうもっともらしい区別がなされようとも、根本にある狙いの趣旨は同一だということだ。人の死を忌むあまり、これを厳格に区別しておきたい衝動の起って、かくは無用な意味づけや作法の生じるところとなる。

一宇村白井のお母さんのところに話は戻る。朝ごはんを娘さんの家でいただいた私に、いせのさんは昼の弁当を持たせてくれた。重い弁当で私は早ばやと山道のてっぺんになる前に開いたのである。中にはキミ入りのおこわ、これはおこわの小豆に真っ黄色なキミが点々と入って目に鮮やかである。それに添えて昨日の箸の一膳、今もこの箸は私のところにある。

二、行事の箸

正月の箸

ヌルデの箸

ヌルデはちょっと見たところウルシに似た木で、山中ですれ違う時など、どちらだろうと一瞬緊張する。小葉を継ぐ軸に沿ってひだのような翼が張りついていて直き見分けはつくのであるけれど。秋になると房となった粒々の実が真白に塩をまぶしつけたようになり、「塩の実」などと呼んでどこの子どももしゃぶっているから、これは経験された方が多いであろう。大きくなる木ではなく、直径二十センチにもなれば枯れてしまうので、材としてはなんの使い途もない。その上これは焚物にしても最低、火に投ぜればパチパチ盛大にはぜるからである。外のかまどか風呂、せいぜい土間のかまどでなら少しは焚かれるかも知れないが、いろりの焚物としてなどは誰も樵

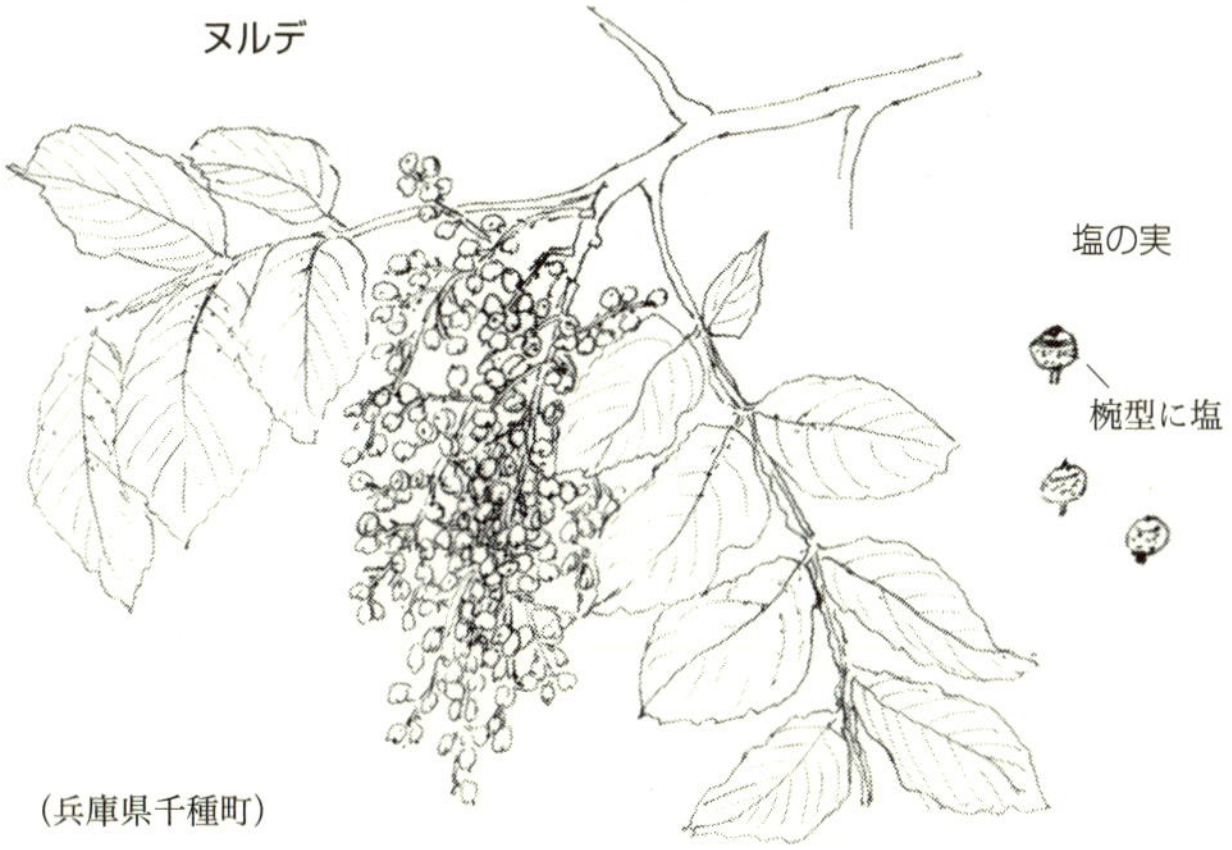

る人がいない。
　ところがここに、その鳴り音をもって大いに面目をほどこす折がある。護摩《ごま》をたく護摩木にされることである。護摩にたかれる物では塩と胡麻もあり、修験者が時々掴んでは火に振りかける。塩も思いがけない堅い鳴り音を立てるものだが、胡麻粒ときたらいかにもあわただしい、切迫した破裂音を響かせる。この植物をゴマと称したのは、ゴマ（護摩）たきに主役を演じていたからなのに違いない。ヌルデもそれに連なる一材料というわけで、これにもゴマ木の名称が出来ているのである。
　その護摩たきがどんなものだったか、青森県八戸市を山手に入った妻ノ神というところで中村浅次郎さん（明治二十七年生れ）にうかがっていた。
「ゴマ木はお護摩たく時必ず燃す。お護摩たくのは毎年十一月二十一日。バリバリ、ビリビリはねる。和尚さん檀の上さ坐り、その前さ鉄鉢置いてその中でたく。袈裟などさはねるげんと、火つくようでもないな。わらし（子ども）ん時、しぶと（いろり）さ足出してると親から『ゴマ木ァくばってだよ、火はねんぞ』て脅された。ゴマ木には実がなるもんでごわす。歯黒さ使った」

最後に実といわれるのは虫えいの五倍子《ごばいし》のことである。

実生活には役立たずのヌルデもゴマ木にされたり、葬式の杖やら箸やらにされたり、行事の折というと断然顔色改めるのである。わけても正月はその最たるもので、八面六臂の働きをする。主に小正月といわれる十四日から十五日にかけての折であるが、祝物の多くがこれをもって作られる。十五日早朝の小豆粥を掻きまわす箸の化物のような〝粥杖〟また〝粥の箸〟と呼ばれるものが作られる。これは一本ばかりでなく何本となく用意されて家まわりや神々、また田畑にまで立てられるのである。花のように房をなす削りかけの祝棒、不思議なやり方でだんだら模様をなした祝棒、また刀・槌なども作られ、これで家々から道・橋・人・女の尻、成木と叩いてまわるのだ。鳥追いと称して拍子木叩くような音を立ててまわるための羽子板やしゃもじ状の板が作られもする。門口や戸口の両側に立てられてオッカドボウ（御門棒）、カドニュウドウ（門入道）などと呼ばれる、およそ丸太だけでしかない門守りもヌルデの太いところが用いられ、〝粟穂〟〝稗穂〟などに擬せられた削りかけの一種も作られる。

そしてその中に箸もある。このヌルデの箸がなかなかユニークである。真中を出来るだけ太くし両端を細くする。その太さ、親指と人差指を輪にしたぐらいと聞くからあきれるのだが、果してそれですんでいるものやら、栃木県鹿沼市草久中ノ畑で上沢八十男さんはこれを形容して「ちょうどかつ節みたい」ともいったほどである。なにしろこの時の箸が太ければ太いほど稲の穂孕みも大きいなどというのである。それでこれには「孕み箸」「俵箸」の呼び名がある。また長野で「粥《けい》の箸」と呼ぶのは、十五日早朝の小豆粥をこれで食べるからである。

それにしてもこれだけの太さ、中太りの形では箸として扱うにはきわめて難物で、そのため、最初の一口、二口だけ使いそめて、あとは普通の箸に代えるというところが多く、それよりは、「真似だけする」と語る人たちもいるのである。

屋根にさす

小豆粥を食べてからの箸の扱いについてもこの箸には特異さが目立つ。一つには、箸を屋根や家の高みにつきさすというものである。山梨県上九一色村《かみくいしきむら》（二〇〇六年に分割、同名村はない）古関のいく子さんの説明によればこんなだ。

豆腐串（ヌルデ）

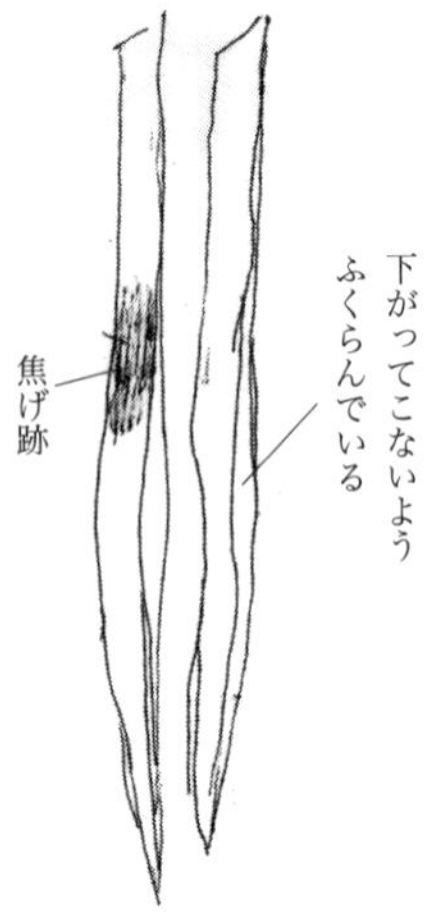

（岩泉町松ヶ沢）

「カツノキ（ヌルデ）で箸作り、十五日の小豆粥を食べる。食べ終った後の箸は、家族の物全部をトマグチ（玄関）上の屋根口にさしこむ。いつまでもそのままにしておく」

屋根口というのは、カヤ葺《ぶき》屋根の据先の、三、四十センチ厚さに切り揃えた部分である。ここに端午の節句のヨモギ、菖蒲をさしたごとくに、間をおきながらさしこむのだという。

同じところで芳子さんが聞かすのも「屋根口にさす」というところは共通だったが、ヌルデの箸の効能についてはちょっと面白い要素も加わった。

「小豆粥、カツノキの箸で食べればくじ運が強いといった」

東隣の芦川村（現・笛吹市）中芦川のとくよさんの話も以上の二人を合わせたようなものだ。

「カツヌキ（オツカドという人もある）で箸作って十五日粥食べたあと、家の主人のだけを紙に包んで軒近くの屋根裏にさしておく、争いごとなどある時それで食べて行くと勝つという。出征の時も親類、近所集まって祝をするのに、ていねいな家では新しいカツヌキ取って来てそのようにした」

やや甲府寄りになる三珠町（現・市川三郷町）下芦川のすわさん（明治三十二年生れ）の話になると、屋根にさす部分は抜け落ちる。が他は一緒だ。

「十四日の晩箸こしらえ、十五日の小豆粥を食べる。箸は残しておいて、勝負ごとに勝つといってなにかある時にはその箸で食べていく。共同山を分ける（くじで決める）ような時とか、学校っ子のとびっこ（運動会）の時など。子どもには、カツノキの箸で食べ、仏さま拝んでいけよという」

カツノキの名前が勝つに通じるところから、それにあやかるという、単なるゴロ合わせと普通ならいってしまわれるところだが、この場合はもう少し実がある。そもそもヌルデにカツノキとの名前がついたいわれは、この木がじっさいに面向ける相手に対して押し勝つ強い木なためで、人々はその強さにあやかろうとしている。つまりもしこれの名前がカツノキでなかったとしても、この木に対する信頼の度に変りがなかったということである。

屋根にヌルデ箸をさし置くことは、秩父の私のいる部落でも行われていたのだった。二十五、六年前にここに入って来た時に一軒だけ残っていた隣家のツユおばあさんにそれを聞いている。

ここでも十四日に、オツカド（ヌルデ）の木で多くの地と同じに粥掻棒や野道具と共に家族に一ぜんずつ箸を作り、その日の夕飯から十五日朝の小豆粥、十六日までの食事に用い、十七日にみんなのを集めて、それぞれ一ぜんずつを十字に組み、糸でしばってそれを勝手と住居との境の上にはさんだ。お父さんが、これは男衆が勝手に入れないくね（矢来）だといっていたそうだ。

不思議なことに、この十字の組みようも広く行われるのである。栃木県南西部の粟野町（現・鹿沼市）日泥では数人の御老人に話を聞いた時にもそれが出た。

「ノデンボウ（ヌルデ）皮むいて真中太いハラミバシを作る。小豆粥を食べた後、旦那の分だけ十文字に藁でしばり、お釜さまに上げる。お釜さまは別段棚もない。台所の隅に幣束立てておくぐらい。屑屋根の時分には屋腹にさしたものだった」

北隣の葛生町《くずうまち》（現・佐野市）柿平で関口タケさん（明治三十二年生れ）はその古風の型をいった。「旦那さまのだけいるり（いろり）端の屋腹におっぱさむ。ヤスデのおっこちない呪だ」と。

ヤスデもムカデほどではないが臭いので嫌悪される虫だ。ヌルデの箸がヤスデにまで効くとはたいていの人が本気にしなくとも、やって損することでもないからと、やっぱり箸をさす方へまわる。こんな人が馬鹿にするようなことも行事を続ける上での養分にはなっているのである。

長野の北部戸隠村（現・長野市）の山口栄太郎さんによればケエノハシにするヌルデは四十センチほどの丈に切るというからずいぶん大きい。これを細いのは二つ割り、太いのは四つ、またもっと太いのは六つにも割り、中太に削る。食べ終った後のものを十字にくびって（二つ割にしたのは二本重ねるに具合がいい）、それを茶の間や台所の屋腹に下から放りさした。「鬼の目をぶつ」といった。

これは豪快である。どこの家のもこんな長いのでないかも知れないが、小さいとしても高い屋腹に放りさすなど、手裏剣投げの騒ぎではないかと人ごとながら浮足立つ思いをする。同じ村馬場のきみえさんは「鬼の目ぶつといって恵比寿棚などに飾っておく」と話した。これは栃木の例にならって、それまでの形式に一崩れ起した形なのだろう。

ヌルデの箸が家の安全を守ったとならば、田や畑の虫よけ、病よけも受け持ってもらえるものと、野にも持ち出される。長野の北部ではもっぱらもぐら除けが眼目なのだが、戸隠村平のゆきのさんが話す。

「ノリデ（ヌルデ）のケエノハシを小豆粥食べたあと取っておき、五月麻まいた時そっちこっちに立てた。もぐらもちは困りもので、土盛られて麻の出はねたの枯れることがある。そういうところにはまたまき直しするがまわりから遅れて結局育たないで、やるだけ損だなどともいう。ノリデの箸作らなくなってからは笹を立てた。もぐらもちかさかさ音して怖れる」

それで当地のこれも小正月行事の鳥追いにはこんな唄がうたわれるのだと。

もぐらもちゃあ　谷いけ

けぇーの箸を　ぶっこむぞ

ケエ（粥）の箸ばかりとは限らない。丸太ん棒に目鼻だけをつけた〝御門棒〟も畑に動員される。岐阜の坂内村（現・揖斐川町）川上ではフシノキ（ヌルデ）で家内中の箸と共に作られたデクサマ（丸木に顔の部分だけ皮をむき、炭で目鼻を描く）を山のひら（畑）へ持って行っておく。そうすれば「鳩《はっと》が豆くわんげな」という。

ヌルデの木にどれほど除ける力があるかは次の例などにも見られるのだ。やはり戸隠村の場合で、追通の大日方さんによれば、こちらでは十五日、ヌルデの箸を削った後の削り屑をまとめて房にしばる。ていねいな家ではそれをさらに棒の先にくくりつけ、それをもって家の前（その頃はたいてい雪がある）を、

何をはく　菜虫をはく

と唱えて掃いてまわるという。

火にくべる

使用後のヌルデ箸の処分の仕方でもう一つの特徴は、火に投ぜることである。その他の祝物もトンドにはよく燃されるもので、それは格別でもないのだが、こちらはいろりの火というところが目をひく。一口、二口食べそめた箸を、または辛抱づよく最初の一杯だけにでも使った不細工な箸を、食事が終ると待っていましたとばかりにいろりにくべるのである。太くて長くて棒のような箸である。以前は十人以上の家族が普通だったから、それぞれ一ぜんずつの箸を燃したら、ちょっとした護摩だきの様にもなったろうと思う。こうしてこの火にあたって、「風邪ひかぬ」（栃木県葛生町〔現・佐野市〕牧）とか「できものがしない」（茨城県麻生町〔現・行方市《なめかた》〕船子）という。ヌルデの材は真白で美しくそれだからこの時燃すのを惜しいようだと語る人もある。だがもともとこの箸は落着きの悪い箸だった。物も食べられないような大きさや形である。あれは箸を燃やすというよりは、燃すための呪の焚物を、一時箸に運用したといった方がいいような代物ではなかったか。

ヌルデの木は護摩木の他にも、焚かれることをもって行事に参画している場合がままあるのである。中国地方には、正月の餅米を蒸すにこの木を焚物とするところが広くあり、どうでも「他の木ではいけん」といって一荷、また二荷、三荷山から負って来る。以前は餅を多く搗いた。山口の徳地町（現・山口市）野谷などで聞けば、三俵も搗いた、二俵より少ない家はないという。とうぜんかまども外、コウゾを蒸す大かまどなどを利用し、手間がえ（労働交換）をして一日もかけて搗く。そのためのヌルデを半月とか一ヶ月前に伐って割っておく。これがあまり早くともよくない。というのは半乾きの頃がいちばんはねるからだという。その鳴り音が大切、これを聞くと餅が増えるとの伝承なのである。

「ウツギの箸」の項で「飯《まま》が増える」との言い伝えがあったが、それと同じで、こんなことを聞かされたら争って捜してでも焚かずにいられないのである。広島、山口などで広くいわれるもので、広島県口和町（現・庄原市）大月のきぬよさんは「餅ふえるんじゃ」と教えたし、山口県徳地町野谷で木村ともさんは「餅が多うなる」、同じく中野で賀屋貫一さんなら「一つの餅が二つになるという」と語った。

ヌルデの箸を小豆粥を炊く時の焚物にしたところもある。福井の三方半島海山ではユリダ（ヌルデ）の箸は十四日に作り、晩に神棚や仏壇に五ぜんずつ、それにおくどの荒神さまにも一ぜんと供える。それを十五日朝に下ろし、小豆粥を炊くのに燃した。

長野県戸隠村（現・長野市）のみよさんはこんなに話した。十五日は、子どもたちは楽しみで暗いと（うち）に起きてしまう。すると父親が箸を削っているものだった。その削りくずを小豆粥を炊いているじろ（いろり）にくべたと。

ヌルデの魔よけの性が、火に焚いた時のはぜ音にあるのはいうまでもないのだが、それを駄目押しするような形で次の一項を加えてもいい。

ヌルデにも、したがってウルシにも似たもう一つにハゼという木がある。本物のハゼならウルシ同様にかぶれるのだが、ヌルデのようにかぶれない木もあるらしい。東国にはなく、西の方に多い木で、そしてそちらでなら、これが正月の箸にされることがある。福井の小浜市矢代中などもそれで、正月前にハゼを切って来て、家族中の箸を削り、三日の間その箸で食事をする。当地方ではしめ縄につける幣は、いったん巾広の木串にはさみ、それからしばりつけるのだが、その幣串もハゼであるそうだ。

熊本県五木村の辺でも、年の晩《くれ》にハゼの箸を使う。人によってはこれはフシ（ヌルデ）だというのを聞くものだが、田口部落の山口健蔵さんによれば、フシではアワボ（粟穂）をこしらえるものの、箸はハゼで、ハゼの皮をむいて割って、それから削る。負ける（かぶれる）ことはないそうである。

同じく下谷のキミエさん（大正四年生れ）たちもハゼの箸を使った。しかし、自分で作るのではなく贈答を受けるのだった。

「村（部落）には坊さんのお手ひきのようなじいさんがたいてい一人いる。寺までは遠いので人が死んだ時枕経を読んだりする。この人が正月のこどしにハゼで箸削って家族の人数分だけ家々配るものだった。『いわいもんじゃって』といって」

ウルシの類はウルシにしてもヤマウルシにしても、ヌルデもハゼもみんなはぜるらしいのだが、中でもハゼは名だたるもののようで、「はぜる木は」と問えば、人々はただちに「ようはぜんのはハゼノキや」、「ハゼがはぜるじゃろ」、「ハジ（ハゼ）がはじくとよ」などと返るのである。

ハゼの語源は、実からロウを取ったからハニシ（埴締《はにしめ》の略）だとかいわれているが、燃してはぜることからのハゼであることは万が一にも間違いはないのである。

栗の箸

九州の栗箸

昭和五十七年の九州の旅はちょうど一月にあたったので、方々で正月箸に出合った。こちらはもっぱら栗箸なのである。

いちばんはじめは福岡の海に臨む玄海町（現・宗像市）のいささか山手に入った池田でのこと、一晩宿を与えてくれた寺尾憲太郎さん（明治三十九年生れ）の家でだった。やや細めの枝なりのものを、半分から先だけ皮をむいて、食べ口を細めてある。太いものから削り上げるものと違って、どうしても反ったり曲がったりしやすいらしいのだが、それでも念を入れて調製されたもののようでどれもよく揃えてある。

栗の枝というから、大きな栗の木の枝先でも折って使うのかと思うとそうではない。栗の木の根元を刈った後に出る新枝を用いるのだという。これだと元の方が芽が出ないで一本棒、平らな箸になるわけ、この間約六十センチ、これ一本で一膳の箸が出来る。正月用の松やハナシバ（シキミ）と共に取って来て、夜なべに箸かきをし、一年使う分こしらえる。栗もササグリと呼んでいる野生の栗のことで、草刈り跡に出るのでそれを取るのだという。

こうした慣習は家によっても異なる、また年代にも関係しようか。同じ池田の部落で大正二年生れの永野太郎さんは、箸は今も作るが「反って使いにくいので正月使うだけ」といった。しかし、また明治二十六年生れの花田かめよさんなら寺尾さんと一緒で、「一年中の箸にする、客用にも」といっていた。かめよさんのところでは皮をむいて両方が使える両細の形だった。

二度目に出会ったのは佐賀市の少し北の佐賀県大和町（現・佐賀市）柚ノ木の田中とよさん（明

トウラバシ

（佐賀県大和町柚ノ木）

治三十八年生れ）の家、この箸はたいへん美しかった。やはり細めの枝二十センチばかりを、真中にだけ皮を残して左右の皮を削りはいだもので、他は一切手をかけていない。つまり食べ口も切り落したままの平らな一本である。それが端然として心ひきつけられる。ただの一本棒だといっても、そこには充分に念のこめられていることは、少しの反りなく堅木然として並びある点でも知れるのであり、それが右の感を強くしているのだ。

こちらではこの箸をトウラ（俵）バシと呼ぶ。普通俵箸の名称は真中を太く俵型になるからとて呼ばれているようであるが、この部落でも家によって先を尖げている家もあるそうだ。タアラバシの名前は県北西の東松浦郡玄海町座川内でも耳にした。こちらも真中に皮を残した後両端を削る、一年中使うとのことであった。

その後も度々栗箸に出会ったが、右の二例のように端正なのに会うのは稀で、多くは前に永野さんがいった「反って食べにくい」というに見合いそうな、手許を揃えれば先が離れ、先を添わせれば、元が躍り上がるようなのばかりが多かった。材料のとり方が違ってでもいるのだろうか。

正月に栗の箸を用意するのは九州に広いのである。福岡の玄海町の向かいに当る地ノ島や大島でも正月は同じような栗箸で一年中の用にする家がある。当地ではしめ縄のかざりにダイダイを棒につき通してしばりつけるのだが、この棒も栗箸だとのことであった。栗箸にダイダイを貫き飾るのは壱岐も同様であり、また対馬もそうであった。

その対馬厳原町（現・対馬市）で子どものままごとのように可愛らしい箸置きのことを聞いた。正月にはユズリハが多く使われる、そのユズリハが箸置きの材料。箸はこちらも真中に皮を残して両端を細くした栗箸だ、その箸先でユズリハ二枚重ねたところを一縫いする形にすくい上げる。こうして各自の正月膳に据える。この箸置きは使うまでだけのこと。あとは放っぽるらしい。

クリアイ箸

「繰り合いの良いように」との方便を言いたてて栗箸を奨めるのは、佐賀や長崎である。それで箸の名前もクリヤイバシとかクリハエバシとか呼ぶ。東松浦郡玄海町牟形《むかた》で竹下みよさん（明治三十二年生れ）が語ってくれる。

「正月にクリハエバシを作る。繰り合いのいいようにといって、真中に一寸ばかり皮残し両端を削る、だが先をとげることはしない、こ切ったなり。作ったのを何膳もまとめてしばっておき、また後で反りを削り直す。一年中使う」

隣、鎮西町（現・唐津市）打上で坂口さんも、「クリハエバシ、真中に皮つけて両端とげる。自分は今でも使っている。他の家族の箸と間違わないでいい」といっていた。

佐賀も南になる嬉野町（現・嬉野市）上不動山ではクリヤイバシで、年中も使うが、新しい箸をもって年の晩（大晦日）に運そばを食べる。隣鹿島市の早ノ瀬や本城でもクリハイバシで「くりあいのよかごと」という。天草半島でもそのあたりは似たようだが、天草の河浦町（現・天草市）河浦では箸掻きにかかわっておかしい俗信のあることを耳にした。下田ともよさんが語りくれるところ、

「十二月十三日が箸かき、くりまわしの良かごてといって栗で作る。掻いた屑をほか庭（外庭）に入るところの道の草の上処々におき、翌朝それに犬が糞すれば縁起が良かという。やっているの見ればたいそう喜んだ」

本気とも思えぬ珍妙な習わしだが、似たようなことを熊本の五木村山口でおやすさんにも教えられた。

「正月の箸の削りくずを道端にまいて置く。その上に犬が糞すると長者になるという」

なにかいわくがあるのだろう。

北の栗箸

さて、これまで九州ばかりを見て来たが、栗の箸は当地方のみならず全国的なのである。例によって北から紹介に及べば、岩手の普代村白井では九州と一つに夕アラバシの名称が出る。ただ栗だけでなくクルミととり混ぜるところが他と違っているところ、使用後の箸は虫がつかないといって畑に立てた。箸の材料を一、、、年ばえ（新枝）にするというのはこちらも同様である。それで九州の人たちと一緒で「曲がったりして食べたくない」と難を唱える人もある。岩泉町や田老町では箸と共に火ばしも作る。

次は宮城県の海岸端、雄勝町（現・石巻市）大須で関東タツノさん（明治三十七年生れ）のいうところ、

「暮れの二十七日に家族中の箸を栗の木で作り、夕食をこれで食べる。俺家《おらえ》ではこの一晩だったげんと、二十七日から通して十四日まで使う家もある。十四日は別にカツヌギ（ヌルデ）で箸作り、暁粥をこれで食べる。終ったら箸はくべる」

新潟県十日町長里のあたりでは小正月に、サイノカミといって、腕ほど太い栗の丸太に目鼻を描いたものを作る。上を取った末の部分で箸を作ることで、それがよほど太かったらしく、雲野

なかさんは、「真中でっこくて使いにくい。十四日にこしらえて十五日朝の小豆粥一かたけを食べて、あとは当日のホヤラドウ（トンド）で燃やす」という。

正月に使った箸をトンドに燃やすというのは奈良市の東部でも同様である。このあたりは箸と火ばしと両方製するのだが、阪原での形は持ち手のところだけ残して皮をむく。福井の三方半島のあたりでも家族中の箸と火ばしを作り、箸は三日間、火ばしは十五日まで続けて使う。

日本海沿い、鳥取の中山町下市では、田宮さんにこんなに聞いた。

「栗の木、伐った株からすっと伸びてる新枝で作る。神用にも人も三ヶ日、日ごとに新しい箸で食べる。それだから家族が多いとたくさんな数作ることになる。サイバシも作り、こちらは一年中使った」

隣の赤碕町高岡（現・琴浦町）や名和町大雀では神への供えごとに使う。

さて、栗の木が選ばれている理由がどこにあるのか。箸の他にも栗の木は頻繁に顔を出すのだが、そのいわれは永く私には解らなかった。しかし前の項のヌルデがゴマ木とされるごとく、火に焚いて弾け鳴るところから選ばれているのを知ったあとでは、それも見えてくる思いがする。すなわち栗の木も火を飛ばす類の木なのである。

私たちは火を焚かなくなって、木の性質を知ること、赤子のようになってしまった。だが、かつ

ていろりを持っていた人たちに問えば、誰もみな同じように答えてくれるはずである。たとえば岐阜の徳山村の人たち、

「栗の木、はしくんじゃあな、杉もフシ（ヤマウルシ）もはしくなちっとは」

「栗ははねる。バツン、バツン、ゴマギの方はねる」

こういうのは青森県南郷村（現・八戸市）島守の栄吉さん。岩手の宮古市小角柄の高橋氏はこんなことをいう。

「栗の木さ三年あたれば柔道覚えるという」

飛ぶ火を受け取るからだという。

炭になってもはぜる、だから火ばちには不向きだともいう。

私の秩父の山の借家では、奥の方に当る床板の一枚に割れが生じたので、垂木に当るところから、六十センチばかりを切って新しい板に替えた。腐った木とはいいながら、いやに重たい厚板だ。それで焚物にまわして小片からいろりにくべた。また仕事に戻っていると、いろりの方でピシッピシッと底力のこもる鳴り音がし出したと見ると、まるで傍に寄るのもこわい鳴り音の絶え間のない連続音だ。普通、杉板などにもよくこんなことがあって、周りの座布団などをよけたりはするがそれとは規模が異なり、どの木か、この木かと火箸であたった挙句、庭に放り出してし

まった。私はこんな力のみなぎった弾け音を今まで聞いたこともない。これが栗の床板だった。

くるみもこれほどでないが、はねるそうである。

節分の箸

私の生れた山形の村での節分はいたって簡単なものであった。夕飯の少し早いうちに豆を炒って一升枡に入れ、父親か、そうでなければ長兄が「福はー内、鬼はー外」と叫んでまく、そればかり、御馳走も特別のものがあったかどうか覚えていない。

ところが他の地方ではずいぶん念の入ったやり方をするのだ。まず目の沢山ある目籠を出す。それも長い竹竿の先に伏せて屋根より高いほどにさしかけたりするのだ。生臭物を焼き焦がすヤツカガシの串にも特別の木を選び、いっそう臭さを強調しようとサイカチ、葱などをあぶり、戸口ごとに立てるこの串の傍には、触ったら飛び上がるヒイラギとか榧《カヤ》、ツゲ、タラの刺木、また臭いシキミの枝を添えるのだ。

いろりに炊く焚物にしてもしっかりと意趣が含ませてあり、パチパチ威勢よく鳴り音を立てるものが用意されている。地方によってその推奨すべきものがなにかは異なっているのだが、それらがいかによく人々の求めに応えたかは、バチバチ（トベラ・アヤビ）、パチパチ（トベラ・ウバメガシ）、ピッピラギ（トベラ）、ザーザー（イヌグス）、バリンバリン（アララギ・カヤ）、バリバリ（アセビ・カヤ）などと、鳴り音をもって呼び名とされているのでもわかる。ウバメガシは海岸の方にあって、多くの名はバベだが、これもすごい音を立てるらしいから（「機関銃のような音」と伊豆で聞いた）、名称はその擬音と見ていいようだ。また九州の方でこの日に焚くものは断然トベラで、これは木じたい臭い上に音も上々と頼りにされている。

トベラの語源は、節分に扉《とびら》に挿されるから〝トビラ〟の木といわれるけれど、まさか。この木には右のピッピラギの他にトッペラギ、またトッペラと、これら鳴り音からトベラになった説明が要らない名前がある。

節分には刺やら臭いでモノを除けようとした他に、この音も重要だったらしく、青柴の鳴り音からはじまって、外で竹を燃して爆竹の音をなしたり、拍子木を叩いてまわったり、はては鉄砲を放つこともしている。鉄砲のない家では板戸をどんどん叩いた。

そして当日使う箸にも特別な注意を払っている。静岡の南西部ではこれに山椒の木を使う。御前崎にも近い小笠町（現・菊川市）の、町では山手の方の高橋原で久保田まさえさんに話してもらった当地の節分行事はこんなだった。

「四ツ目籠（洗い物などする目の粗い籠）にコウシバ（シキビ）さし、竿の先につけて家前に立てる。山椒で家族中の箸作り、これで飯食べた後、箸をまとめて鍋敷（板）の裏側でコウシバと髪毛いぶしたのを箸でこすりながらなにか唱える。くーさい、くーさい。その箸をかいど先（門口）両側に一本ずつ、入口の戸箱のとこなどに一本、それに家の四隅、裏口などにさしてまわる。豆炒るのにも山椒枝くべる。豆の鍋中にはコウの葉入れて炒り、その葉で体撫でると病気にならないという」

盛だくさんな行事であろう。もっと内陸部に入った春野町（現・浜松市）胡桃平《くるみだいら》などでも山椒の箸を作ること変りなく、同じく山椒の串で作るヤイカガシはハナ（シキビ）の葉で魚を包むという念の入れようである。

昭和五十六年にまわった鳥取の南西部からそれに続く島根の北部では、共通してこれが山椒ではなくて犬山椒であった。東から西へ、私が通った順序に沿って紹介すれば、最初は日南町小原で山根ふじ子さんからイヌザンショウの名前を聞いた。これで家族みなの箸を作り、トシトリバシと呼んで、年越《こし》の飯を食べる。同じくイヌザンショウの串の先を割ったものに魚頭をさしてヤークサシをする。晩方に行うもので、使い終った箸はただ燃すと。

〝年越〟、また〝年取り〟箸というのは少し戸惑うけれど、節分に年を取るとは各地にいわれていることで、それで節分の前日を「大年（大晦日）」ともいうのである。たいていはそのどちらかでまつりをするのだが、この地方では正月と節分と二回すっかり同じ行事を繰り返すことをこの後から知った。

ところで私は犬山椒の木も知らず、どうしてふつうの山椒でなくこちらを指定するのかと疑問だったが、次の、同じ部落のシゲヨさん（明治四十一年生れ）の話でよくわかった。

「犬山椒に限る。食べる山椒より刺きつい。臭いはなく、箸にして食べる時もにおわない。どうでも年取りにはこれが要る。犬山椒で年を取るんだけんな。若い時、うっかり忘れていて、子を負って、提灯つけて犬山椒木取りに行ったことがある。食べた後の年取り箸は晩に燃してしまう。よく燃える。同じ犬山椒の串に素干し頭さしたのを何本かまとめて、御飯炊くはがまの水引いた時分に蓋をあけて釜の内をめぐくし、『あゝ臭さ臭さ』といい、門や戸口にさし、盗人《ぬすと》が入らんという。これを大年と節分と二回繰り返す。犬山椒も二回とって来る」

子どもをおぶって提灯をつけて夜の山に木を捜しに行くなど一大艱難の時だったのではないかと心配すると、あるところを知っていたからというのでほっとする。平生の箸にするハシギ（ウリハダカエデ）のようにどこにでもある木ではない。それで日頃から目をつけておくものだったと。同家に年寄などがおれば、こうしたまつり仕度もぬかりなくやってくれたものだろうと思う。同じ町左木谷の長一さん（明治三十三年生れ）の場合なら、大年に節分の分もこしらえておくという準備のよさだった。

「犬山椒で年取箸作る。節分の分の箸とヤークサの箸も一緒に作っておく。『年取りいわうには御飯』といって飯を炊く、その釜の下でゼニカネシバ（アセビ）焚く。飯をあけた後の釜洗わずに豆を炒り、家中の食べた後の箸を使って炒る。豆まきも年取り飯も、シバ焚くのも、ヤークサも二へんしよった」

同じところで金一さんは、ヤークサをするのを厄払いだといい、阿毘縁《あびれ》のきよのさんは「蛇来んだ」という。大菅でかめよさんは年取り箸は取っておいてエンドウに虫ついた時に立てるといった。

阿毘縁からは山越えすれば直きに島根側である。ここの仁多町《にた》（現・奥出雲町）の一帯も犬山椒なること変りがなかった。このあたりのフィールドノートを私は道中に失っているので話者の名も記せないのだが、ずいぶん古風な人たちの話を聞いているのだ。仁多町上阿井で当時八十を幾つか越していたおばあさん、

「犬山椒の串にイワシ頭はさめて戸口にさす。同じサンショの木で箸作り、みんなお膳の上の御飯にもお菜にもちょっとずつ箸つける。一口でも二口でも。そうしたら後は自分の箸で食べて

いい。厄病の神の手つける前箸すると厄病神が逃げるんだと。食べたあとのサンショの箸は後ろ手にして二本一緒に折り、真中から折れたらその年はいい、真中にならなかったら悪いという」

同じところで他の一人も箸を折ることをいった。だが占いの方はどうだったのだろう、「折って火にくべる」とのいい方であった。

これより北、松江と安来市の間ぐらいの広瀬町（現・安来《やすぎ》市）も、また西の掛合町や吉田村（いずれも現・雲南市）でも箸の材料は同じであった。ただ吉田村菅谷が出身の人の話では、ヤマザンショウと名が変っていた。「イタイイタイがある」というだけで木の種類はわからないのだけれど、おそらく他でイヌザンショウと呼ぶのと同じだろうと思う。

どこでも箸と串と両方用意されていた。使った後の箸を燃すくらいなら、串に運用したらよかろうにと、私は手間を惜しむさもしい思いを抱いていたものだが、これも最後の方になって広瀬町布原で尋ねて納得がいった。人の食べる箸はもちろん刺なし、けれどもヤークサの串の方は、幾つかに割ってあっても刺はそのままつけてあるのだった。

ネゾキ

山椒ではないが、四国徳島で用いるネゾキというのも、刺のある木だという。神山町鍋岩で国治さんの説明によるその木の状は、

「ネゾキは細《こま》かい葉で木にバラある。ツゲと葉は同じだが、植木と違ってバラがあり、山に生えていて年中葉がある。節分にはたいてい割って串にする。細いところそのままだと、細《こま》かい枝あり、バラ有りでさしにくい。串には柚の皮、イワシの頭、オニノメツキ（ヒイラギ）と順にさして焼く。ヤキザシという」

国治さんの話には箸が出なかったが、次に寄った江田のまさるさんはその箸も聞かせた。

「ネゾギでやきざししたな。ネゾギ枝にイワシ頭とオンノメツキ（ヒイラギ）の葉さし、門の両側と戸口に立てる。ネゾギで家族中の箸作る。たいてい太いのを割って削る。ネゾギの箸はこの時だけだが、あともこれを使ったら歯つつかんという」

箸では歯をつつくこともないかと思うのだが、これはもっと別の意味なのだろうか。ネゾギで箸にするのはこれより西の小屋平村でも普通で、ただやはりその場限りの武骨なものらしく南張のおばあさんは「ネゾギの箸では一口食べるだけ」といった。

刺あるものの効用は、「サルトリイバラの箸」のところで述べたことだったが、節分だけにとってみても、ヒイラギ、山椒、榧、ツゲの他にアリドウシ、ノイバラ、サルトリイバラと常連の顔が見える。刺木といったら逃すはずのないタラは中国地方から四国・九州に大活躍で、丸のままで、また割って串として戸口・門口に物騒な刺を誇示する。こうしたところでなら、もはやヒイラギはその任を解かれるのである。

コトの箸

コトという変った呼び名のまつり日がある。年に二回、十二月八日と二月八日に行われることが多いのだが、またその期日はばらばらで、百姓仕事の暇な時というところもあれば、病気がはやったから俄にとやり出す地方さえある。

内容がどんなまつりかというと、これがほとんど節分と同じといってもいい。家の前に目籠が出される。ニンニクやら葱・サイカチなどの臭いものがいぶされ、魚を串ざしにして焼き焦がしたヤツカガシが門・戸・窓口をふさぐ。栃木や茨城ではこの串にさすのがニンニクと豆腐なので、当日をニニクドウフ、またニニク八日とも称するのである。節分と違って豆まきはしないが、どうでも魔よけの豆を使いたいらしくて、ヤツカガシに豆をさしたり、また豆入り御飯を食べたりする。右の豆腐などもそれによっているのかも知れないのだ。

この日はところによってのいいようで、「一ツ目小僧が来る」とか「山のばばが来る」、「だいでん婆《ばあ》が来る」といって怖れ、こうした迷惑なものは、餅や団子の施し物で釣りながら送り出してしまう。「送り神」とか「コト神送り」などと名前には神の名をいっているけれど、鉦・太鼓をうち、幣を振りまわして「コトコトばさを送るよ」とか「やりましょやりましょ」などと叫んで村境へ追い払ってしまうのである。

沖縄地方でも十二月八日はウニムーチー（鬼餅）といってモノ祓いの日だ。まつりの名称になっているウニムーチは、香りの強いサニンの葉で巻いたちまきなのだが、中身を食べた後の皮は二枚をあぜて（交差させて）十字にしばり、戸ごと軒下に吊し下げる。村の出口、入口にはしめ縄を張り巡らせ、家の周囲、屋敷まわりには、ススキ二、三本の葉先を一つ結びにしたサンというものをさしてまわる。このサンは日常からも重宝して使われるモノ除け（魔よけ）物、幼児を夜間連れ出す時とか、御馳走を持ち歩く時などに携えられるのである。

コトというのは、これら祓いごと、物忌み、神ごと、こうした行いごとをさすものだったのだろう。「モノ日、コト日」のいい方がある。栃木などでは「おことは体休める日」だといい、また「今はつねもおこともねえ」などと語り合われるのだが、かつて、祓い行事の必要が切実だった時代には、十二月と二月ばかりではなくコト日はもっと多く、月ごとにも行われていたのではないかと思われもする。

さて、コトの箸ではわれわれはなんとも変った形を見るのである。材料は他の場合と同じようさまざまある。ところがその種類は問わず、一様になされるもので、使用後の箸をすだれのように縄に編み込んでしまうというものである。

兵庫の東部、京都府にも近くなる氷上町《ひかみ》（現・丹波市）賀茂ではコトは四月十六日であるという。昼は餅、夕飯はこれと違う御馳走をし、柳の箸で食べる。その後箸を縄で編んでせんだい（前栽）に下げておく。「はよう夕ごはん食べて箸納めたら田植が早くなる」という。

隣、春日町（現・丹波市）三井庄で明治三十七年生れの井尻てるえさんに聞いたのも箸の材料は柳である。この日の箸は太い方がいいといって皆がいい柳を伐ってしまうので、早く行かないと太いのがなくなる。なにしろ、「箸と親方は太い方がいい」の諺言があるそうだ。終った後の箸は神様に供えた分だけ半紙で包み、それをいちばん上にして縄のうた（綯った）ので編み、屋根の上に放り上げる。神様の箸が上になったら男児が生れるという。

右は昭和五十年に話してもらったものだった。「縄で編む」とあるのはどんな形になるのか、その折は深くも追求しなかったものか、私の採集カードにはなんとも記載がしていない。しかし、昭和五十六年にこれらの地にほぼ隣接する京都側を歩いた折には、もう少し委しく話してもらっているのだ。三和町（現・福知山市）台頭では箸はカゴ（コウゾ）で作り、使用後は神さまの箸一、二ぜんを交差させていちばん上に、その下に家族の箸一ぜんずつを縄目にはさむ。大根干しかなにかのように、左右に二本垂らした縄に箸の元と末を横にはさみこむのである。これを話してくれた片山そでさんは「コトの夕飯《よめし》は食て三里」といういいぐさがあると聞かせた。その意味はわからないというのだが、この日は食べられるだけたくさん飯を食べるというのだから、三里も一っ飛びというようにもとれるが、またそれよりは、まだ明るいうちに早い夕飯を食べるというから、三里行けるほどに早目にというのかも知れない。

もう少し東になる、瑞穂《みずほ》町（現・京丹波町）質志で北村しゅんさんが話してくれるのはこうだった。

「二月にやる家も三月の家もある。百姓のことはじめという。カゴ（コウゾ）の木を皮むいたので家内中の箸作り、神仏にも供える。この日は小豆ごはん。食べ終った後、神さまの分一ぜんずつを紙に巻いて水引でしばったのを、いちばん上に綾（交差）にして縄にはさみ、家族の分をその下に横にしてはさむ。いちばんてっぺんにナルテン（ナンテン）枝を二本さす。カゾなくなってからは柳の木を使った。この編んだものを屋根に放り上げ、縦になったら男の子、横になったらその年は女が産まれるという」

日本海に臨む丹後半島の東海岸、伊根町では、箸は正月箸のように太いもののようだ。平田で橋本かねさんがいう。

「コトは四月十二日、コトバシは栗で作る。太くて大きいので食べはじめに使うだけだったりする。コトの餅を搗き、ぜんざいにしたものをコトの箸で食べる。箸は神さまのも作る。終ったら縄に編んでタカ（いろりの部屋の天井）に吊ったり、家そばの木に吊るしおいた」

同じく高梨で箸の材料にメボノキというのはなんのことだったろうか。和久田忠雄さんによれば、ここでコトは正月十一日である。

「メボノキでコトバシ作る。正月にはフナダマサンといっていちばん大きなお鏡を二重ね、串柿とジャコ二匹継いだのをのせ床の間に供える。十一日それを下ろしてぜんざいにし、コトバシで食べる。箸は太くて大きいので食べはじめにだけ使う。その後で、箸をみざら（簀）のように縄で編んで裏の木に下げておいた」

亀島ではコトバシは桜の木で作り、神さまの二ぜんだけを縄に編んで蔵の軒に吊るしてあった、とはお寺の奥さんの言であった。ここでコトは四月十日だったと。

鳥取の内陸部、岡山寄りの関金町（現・倉吉市）のあたりでコトハジメは三月一日か三日だという。泰久寺という部落の山白《はく》きくさん（明治三十年生れ）が聞かす。

「この日はコトザカナを食べる。どんな魚でも魚ならいい。神さまは柳箸、家族はカヤの箸、箸は五十センチぐらい長い。食べた後に、神さまに供えた御馳走を藁苞に入れ、縄で吊ったのに、

コトの箸

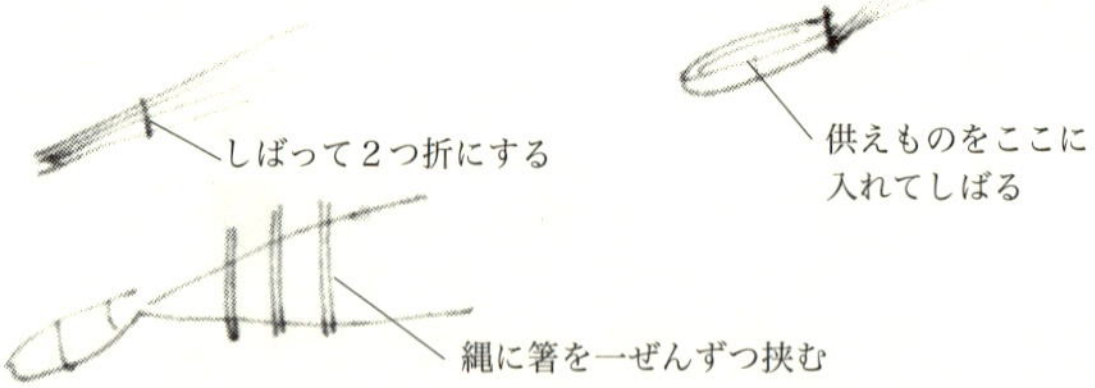
しばって２つ折にする
供えものをここに入れてしばる
縄に箸を一ぜんずつ挟む

（鳥取県江府町御机）

神さまの箸を打ち違いに、人の箸は一ぜんずつ横に縄目にはさんで、柿ノ木などの高いところに下げておく。悪いもの、箸の数を見て、この家は人が多いからといって入らないのだと。前の年に吊るしたのもそのまま残ってる」

これより西になる江府町御机でもカヤ箸の長いので食事をし、供え物入りの藁苞を吊すところは同じ、この風鳥取には普通ならしく、東部の佐治村（現・鳥取市）などでも同じだ。しかし余戸の谷上さんによれば藁苞には魚の尾ひれを入れるという。どうでも魚っ気を食べるとあるのと同様、ヤツカガシの鰯の臭みに準ずる目的があるようだ。

コトとはいわずヒャクマンベ（百万遍）と名前は変っているが、福島の只見川に沿う三島町の辺にもこの箸編みの風はあった。こちらでは二月十五日（むかしは二月二日）、小豆飯を作りコウゾの皮をむいた箸で食べた後、その箸をすだれのように横に編んでトンボ口《ぐち》（玄関）に下げる。

当地ではこの日出歩く怖ろしいものを「弥三郎かか」というのであ

る。「一つ目」にしても「だいでん婆《ばあ》」にしても同じだが、大人でさえもこれに行き会えばよくないといっていて出歩かないでいるぐらいなのだから、小さい者にとってはいかばかりか、今まさにつまみ上げられる恐怖の存在であったろう。これについて笑うにも笑えない話を聞いた。三島町大石田の男性であったが、子どもの時分のヒャクマンべに弟が叔父さんの家に遊びに行っていて

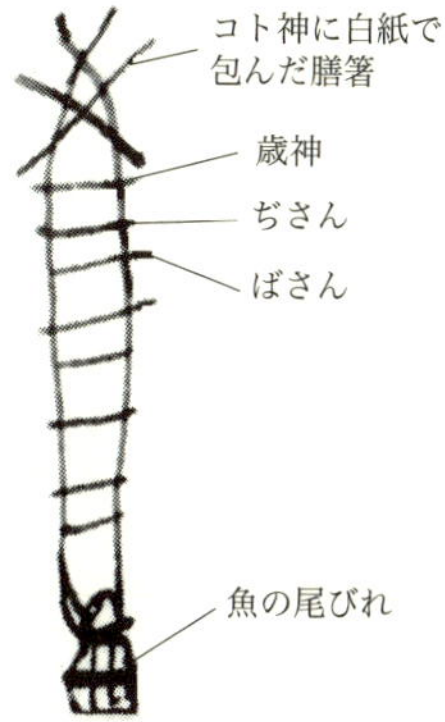

（佐治村・谷上さんの手紙から）

そのまつりを迎え、夕飯食べた後の箸をそちらの家族と一緒に編み込まれてしまった。それから叔父さんのいうよう。

「お前は弥三郎かかにここの家の者だと知られてしまったので、家に帰ったら食われてしまう」と。これは一人しか子のない叔父さんの計り事だったらしいのだが、当時小学一年生だった弟は深くこれを信じこみ、六年生になるまでその家で暮した。しばらくの間、弟は学校でも下ばかり向いてしょんぼりしていた。可愛想になって何度も家に帰ろう帰ろうと誘ったが、「弥三郎かかに食われっちまうから」といってききいれなかった。

二月といったら北では冬のただ中、夕暮れの吹雪く風と共に体をふくらませ、引き伸ばししな

がら村中を馳ける弥三郎かかの姿を見ることが出来た人たちがいたのもそう古いことではないのである。

コト以外の編み箸

私は前に箸編みの風がコトの箸にばかりあると取られそうな物言いをしたが、じっさいには、他の行事の中でもこの風習が散見するのである。

徳島の東部神山町や佐那川内村ではイノチナガと称して正月に行っている。神山町鍋岩で国治さん（明治三十八年生まれ）が話してくれた。

「イノチナガは正月のこもり（一月三十一日）にしおったんですわ。御飯とそば切り作り、藁ですぼき（苞）作って銘々の膳からと神の膳から飯とそば切りを少しずつ取り分けて入れ、しばる。この晩のために松で箸新しく作って一同食べ、食べ終わったら縄に年長の順に上からはさむ。神さまの箸はいちばんてっぺんに斜めに打ち違いにさせてはさむ。これとスボキを実のなる木、大抵柿ノ木などにかけておく」

国治さんのは編み箸と、苞とは別々の形であったが、隣佐那河内村西府能で井上さんの場合は、これまでにあったと同様、供え物を包んだ藁束の途中から藁先を二つに分けてそれぞれ綱に綯い、これに箸をはさむのだった。日取りは一月二十三日、箸の材料も杉である。イノチナガという名称は一緒で、編んだものは恵比寿棚に引っかけておいて、都合のいい時宮さんに持って行くとのことであった。

小正月のヌルデの箸は屋根にさしたり、屋腹に突き立てられたりしたものだったが、それを編んだというのは栃木市尻内である。福富与四郎さんによれば、ノデンボ（ヌルデ）の中ばらみの太い箸で十五日の小豆粥を食べる。箸が太いので最初の二口でも三口でも、食べた後の箸を縄で横に編んで家の入口に吊す。この家は人数が多いからとて泥棒が入らぬと。

家の入口にはさまざまな魔よけが施されるもので、その効能の一つに盗人よけというのがよくある。社寺からうけて貼り置くお札にも「盗難除」が幅を利かすのだ。本来除けるべきものはそんなところではない。まだまだ怖ろしいものなのだろうが、そちらは実体を伴わないために、気の毒に泥棒がその身代わりの役を負わされているのだろう。

節分に、その日の箸を編むところも島根や広島にはある。こちらはイヌザンショウと呼ぶ刺の鋭い木で箸を作るのである。島根の仁多町呑谷で一人のおばあさんに話してもらった。「イヌザンショウの箸食べた後二つに折りかける。離してしまわずに折りかけるだけ。それを縄の綯い目にはさんで編み、藁屋根のたばね（屋根下の切り揃えた口）のところなどにかけて取っておく。後で胡瓜や胡瓜やぶに吊る。折り曲げたのを二本合わせると菱形のようになり、狼が人間の口こげな大きな口だげなといって、逃げるだげな」

広島の高野町（現・庄原市《しょうばら》）篠原でもイヌザンショウの箸を縄で編んで家の軒下に下げておき、ささげやぶに吊ると聞いた。

三月節句にこの風をなすというのは鳥取の赤碕町（現・琴浦町）宮木で聞いている。一例だけで少し不安なのだが、他の日との取り違えでない証拠には、「三月四日、お雛さまの御馳走を藁苞に入れ、カヤ箸を編んでつけ、柿の木に下げる」と教えられている。

建前の編み箸

岩手から宮城にかけての海寄りの地では、家を建てる折にこの形が見られる。これは昭和五十五年に北から南に通り抜けた時に耳にしたものだったが、最初に話にのぼったのは岩手県田野畑村北山でのこと、このようなものだった。

建前の折、スミノカイといって家の四つの隅々に大工が四人、隅の方を向いて立ち、椀に取った熱い粥をウツギの箸で早さを競いながら食べる。ウツギは先だけをちょっと削る。終ってウツギ箸、また粥に使ったヘラを縄にはさんで棟木に吊るす。

湯気を上げる炊きたての熱い粥を食べるのに競争し、早く食べた者が他を急かすので賑やかな騒ぎになるらしい。次の机では当時八十三才だった小松山留蔵さんが語ってくれたのである。

「スミノカイ、両親の揃った者がやる。いちばん早く食べた者が皆の箸をとりまとめ、縄二本の間にどれもぶっ違いにして編み、棟木の下のツカ（棟木と桁の間のもので、棟木を背負っているのは一つだけ）にしばりつける。見上げれば見える。古い家にはみなついてる。箸はコメノギ（ミツバウツギ）太いのば割って削る。コメノギの箸は平生も使う。お粥に使った栗の木のヘラも一緒に吊るした」

コメノギ（ミツバウツギ）はせいぜい二、三センチの太さなのだから、ヘラともなると別の材料になるのである。それはそうと、こちらでもあぜた（交差させた）形、×が現れたわけである。また次の羅賀で中崎三郎さんも、

スミノカイ

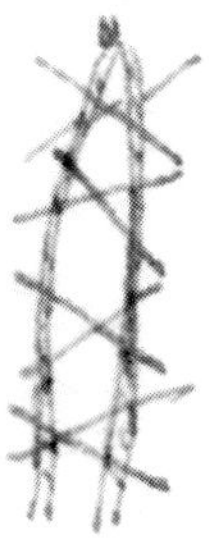

（岩手県田野畑村机）

「すみのかい、四隅で熱い粥食べ、早く終った者、皆の箸奪って縄二本に横に編み、棟木のところにかける、下から見える。この時の箸とヘラはゴマギ（ヌルデ）で作る。ゴマギの箸は中気あたらんといっておか（山）の方では普段の箸にするところがある」

島の越《こし》で森藤七さんもそこのところは共通で、ただ、箸の材料はアオノキ（ウリハダカエデ）、四隅の他に中央にも一人いるので五膳、それをそれぞれ交差させてはさんだてっぺんにヘラをつけ、棟木のところにしばりつけると。これは隣、岩泉町摂待《せったい》で聞くのもまったく一緒であった。

宮城に入っての唐桑町（現・気仙沼市）大沢、それから内陸部の住田町世田米でも、ともに縄編みがなくなったのは簡略になった形なのだろうか。スマガイといって四人と中央にカシキ一人の五人で競争し、使ったカヤ箸はまとめて梁にしばりおいた。

一年のはじめの正月に最重要なまつりがくるように、新家を建てたその最初にも種々のお祓いの儀式があり、棟木には各種モノ除け物が吊るされるのだ。

それにしてもこのように編むのになんの意味があるのだろうか。箸が魔よけの性秘めるものであることは、これまでに見たいずれの例からもうかがいとれるものであろう。だからその魔よけの箸をお守りとして屋根にさしたり、屋敷まわりに吊るしたりする気持はわからなくはないのである。けれども、それならただ箸をばらばらに、それで不都合なら一つにひっくるめて吊しでもしたら良かろうに、なぜわざわざ手をかけ念を入れて、透き間も規則正しい編み物にするのだろうか。

箸以外の編みもの

第一、箸をもってする以外にこんな形が作られることがあるのだろうか。

その例もあるのである。鳥取の一部はすでに紹介したようにコトの箸を編む地であったが、同じ県の海側にあたる赤碕町や、大山町では箸と関係なく新しい材料を使ってこの形を作っている。海から少し山手に入った高岡で高力亀一さん（明治三十七年生れ）に話してもらえば、

「ヌリダ（ヌルデ）の木五センチ幅、三十センチ丈ほどのを指ぐらいの厚さに割ったもの何枚もすだれのように縄で編んでトシトクさんのとこ吊るしてあった。トシトクさんはヘヤに米俵二俵置いてその上に新《あら》むしろ敷く。ドンド（左義長）にはこのヌリダの板にはさんで餅焼き、その餅はたまって（しまって）おいて、夏、腹病《や》みした時に食べる」

ヌルデ

（鳥取県大父木地）

こちらは箸の棒状と違って板になるのである。吊るすところも家の内側と少し変る。高岡からさらに山手に分け入ったところの大父木地《おおぶきじ》（琴浦町）でも似たことだった。

「ヌリダ（ヌルデ）三十センチぐらいの丈を三センチ幅ほどにそずって（削って）八枚ぐらい編んでトシトクさんに吊るす。他

にヌリダで花のように削りかけにした短いもの一つ、いちばん上にくっつけてあった。これはドンドさんに燃す」

削りかけて花にしたものを取りつけるのは、これより西の大山町でもだった。やはりここも山に入りこんだ地の鈑戸《たたらど》では太田さん（大正五年生れ）が話してくれる。

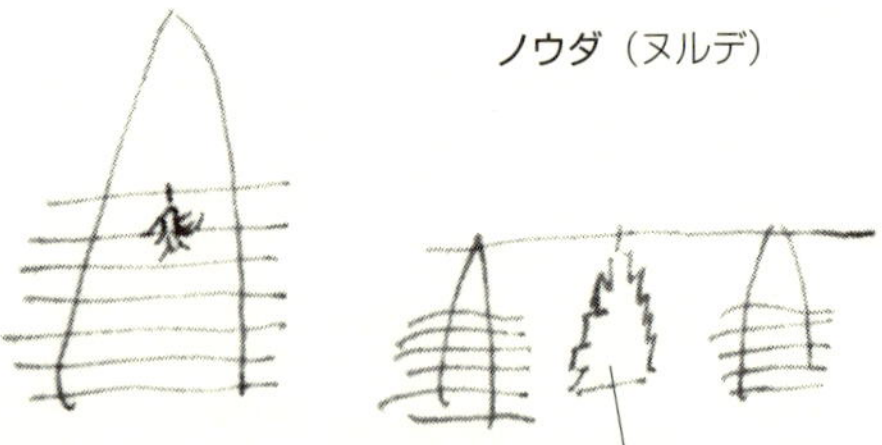

（鳥取県東伯郡大山町鈑戸）

「ノウダ（ヌルデ）の木、二十二、三センチのを鉈《なた》で割って十二枚（うるう年は十三枚）縄で編む。いちばん上に削り花つける。これを二つ作り、トスガミさんのところに棒渡してあるのに吊り下げる。棒には釘が打ってあって下げられるようにしてあった。トスガミさんのお金だという。十四日晩下ろす。それをまた小さく割って米俵に品種かいてさしておく木札にした」

近くの豊房で逢った明治二十二年生れの山根たねさんの話も同じようながら、編んだものをドンドに持って行って焼き、黒く焦げたのを「金だ」といって拾って帰って神棚に供えておくと、やや事後が違った。

さて、こうしてみると、材料が箸かどうかは問題でないらしい。箸以外の例でも、ヌルデを使っているところを見ると、主な趣旨はこの材の魔よけの性にあるらしい。しかし、それだけだろうか。その、モノ除け（魔よけ）物に雄弁さを与えるために、つまり、これに大きな場所を与え、その力を誇示するために、かくはこんな編み連ねたものが出来たのであろうか。

ここからは大いに勘ぐるところとなるのだけれど、私にはどうしてもその形にこだわらずにいられない。もし魔よけの品、すなわちモノ除け物の量、また面積を誇りたいのなら、長いまま、太いままのヌルデや栗そのままに置いてもいい。ヌルデは殊に割った面が真白で、ひょっとしたらその〝白〟さにも何かこめられているのではと思ったりもするのだが、それならそれで、太くて長い丸太を一本、すぱっと割って突き立てたら、その量は、箸や、割り板の及ぶものではないのだ。それをどうしてわざわざ形を細かくして編物にするのかと考えると、庭に出された目籠が浮ぶ。

節分には今でもこの籠を家前に掲げるところがあるので目にされた方もあるかと思うのだが、編み目のつんだ笊《ざる》、籠でなく、粗っぽい透《すかし》、すなわち目のある目籠は、名だたるモノ除《の》け物なのである。冒頭にいうようにコトにも目籠は大事な、当日の働き手なのである。主にこれは関東一円に盛んなことであるけれど、栃木などではその籠、草刈籠と呼ぶ、人の背中いっぱいになるような大物を出し、これに唐辛子やら、臭いサイカチのいぶしたものなどをつける。鹿沼市原山でなど聞くと、「木の葉ざらい籠」という大籠とメカエ（目籠）とを門口に両側に伏せたという念入りさだ。目籠が魔よけになるのは、その目の多さにあるらしい。こうした次々と継がり続く連続文に相手は弱いのらしい。多分視線が惑わされるというのであろう。籠のように組んだものばかりでなくて、一列並びの目、点、線についてもその傾向が充分にある。正月の、家やら人やら叩いてまわる祝棒、「鬼木」などと呼ばれて家のぐるりに立てられるのにも細かい横線が刻まれる。鬼木は炭でひかれるのだが、刀のように長い祝棒は、木の皮を螺旋状に巻いて煙でいぶし、後に巻いた皮をはがして真白な地を出す、これなどだんだら模様なるところ、床屋の看板のようになるのだ。どれほどモノ除けに力あるものか、岩手の雄勝町大須でなどはダンポと呼んで年中戸口に掲げ置き、夢見が悪かったり、子どもの夜泣きに体を振り祓い、また枕元に置いたりする。

お守りに着物の背に縫い目をこしらえる、これも目の連続だろうし、網がモノ除け物の一つになっているのもこれだろうし、縄目がその狙いで使われていると思われる節もあるし、また物差がやはり魔よけとして床下に敷かれたりするのもこのいわれだ。

箸や割り板をもって編んだ簀だれのような編み物も、籠や網のように目をなす作り物にした気持だったのではないかと考えてみる。横線を描き連ね、描き巡らせただけでも、物を除けたのである。魔よけの木でその形組み上げようとしたことはありそうではなかろうか。

産室の編みもの

煩雑になるのを恐れて最後にまわした次の一条も資料として供すべきであろう。紀伊半島で耳にしたもので産育の場面である。東海岸の三重県熊野市の山間部では、子どもが生れると、オビヤバシラといって大きなサカキを一本立て、それに割り板を編んだ物を下げた。同市育生町長井でかめのさん（明治四十二年生れ）の説明してくれるのはこのようである。

「オビヤバシラといってサカキを一本立て、それに幅一寸五分、長さ五寸ぐらいの檜の板削ったもの三枚、藁で編んでしばりつける。宮まいりにサカキ共々宮に持って行って納める。お宮にはよくこれがおいてあった」

同じところで明治三十七年生れの川畑貞稔さんもいう。

「二メートルぐらいのサカキを一本産人《さんと》の枕元に立て、五十センチほどの檜の薄板を藁で編んでしばりつける。それにシオミズといって村に一ケ所流れ入っている川の水を細竹の筒に入れたのを吊る。生れたら直ぐに作った。そのままおいて宮まいりに宮に納める」

これより和歌山側に入り、熊野川沿の熊野川町小津荷になると、このようにするのを「サンヤを建てる」といった。そして板は杉からハゼに代わる。得一さんの話によると、サカキ二メートルほどのものを二本、一尺五寸ほど離して立て、ハゼを板に割ったのを何枚か下げる。ハゼ板は、幅一寸五分、丈一尺二、三寸である。これを縁の隅の方に立ててあったそうだ。

同じところでちよ子さん母子の話では、それは床の前に立てるのだったそうで、それにハゼを板に割ったのを女は三枚、男は五枚縄で編んで吊り下げる。床の前にはまた机を置き、それにハゼを燃して炊いた飯をてんこ盛りにして供える。サカキ、その他は女児三十日、男四十日の宮まいりに宮に納める。

三枚、五枚という少ない数を聞くと、「目」説はかなり心細いものになるのだけれど、その説の当否は別としても、これが魔よけの呪具であるのは確かなのである。ハゼがヌルデに類したモノ除け物である由はすでに「ヌルデの箸」の項で触れたところだが、熊野のように子どもが生れて直ぐに炊く飯に焚かれたり、初湯の湯をわかすに焚かれたりは他でもやられている。前の小津荷でなどは生れて七日の間、産婦の飯を炊くのにハゼを焚くのである。熊野川町の西隣本宮町の発心門という山深い、熊野古道沿いの村では、子どもが生れると、ハゼを部屋の四隅に立ててしめ縄を張り、さらにハゼで弓矢を作ってしばりつける。母子は七日の間その内にいるのである。

やはり産育においてであるが後産はどうしたものか、その処分には決まって魔よけの手だてが加えられている。右の発心門では産室のシタヤ（床下）に埋ける（このやり方は全国的にある）。きよさんやらトキさんが言うに、そしてその埋めた上に、ハゼの割ったもの六、七本を簀に編んでかぶせておいた。

これも同じ系統を汲むものだろう。

静岡の御前崎に近い相良町須々木では「庚申さま」に宿で竹すだれに餅を供える。これは細竹を割ったのを編んだ三十センチぐらいのものである。まつりが終ったらすだれだけをその宿の屋根に放り上げる。宿は順番持ちなので、よくどこのカヤ屋根にもこのすだれが残っていたという。

魔ものはとかく空から襲い来るものらしい。屋根より高く、梢からのぞかせて鎌が立てられ、目籠・幣束が立てられる。屋根には、よもぎ・しょうぶやらトンドの燃え尻やら、光でおどかそうというのかアワビ貝がのせられる。また立木には、正月の祓いの具などがしばりつけられ、亥の子やトウカンヤに村中叩いてまわった後の藁でっぽうは庭木にひっかけて置くものとした。私は栃木県鹿沼市原山でよほど子が多い家だったのか（親が一人に一本ずつ作り与える）庭の植木に五、六本も下がっているのを見たことがある。屋根も、立木も襲い来るものを迎えうつ、モノ除け物の側の布陣の場なのである。

カヤの箸

わが家の荒れた茶畑の桑の木に手を焼いた話は前にやった。ところが、厄介なのは桑のみにあらず、これと双璧をなすススキもあったのである。

ここは、浦山川を見下ろす急勾配の山の平、部落の数軒かが区画を限って茶畑にしている、その一軒分の、主人が亡くなって、七、八年放りっぱなしにしているところを借りているのである。手を入れない間に茶畑の下の縁はススキの群立ちに占領されていた。これはもう手もつけられないからなるべく見ないようにしているのだが、これから飛び火をした形の畑の中、茶の木の株の間にまで進出しているのは放っておけないので刈る。

ところが相手は新旧交替が出来てさっぱりしたとばかりにまた同じような株になる。そこでまた刈る、また伸びる。刈られた後に伸びて来た新葉はさすがに精を切らした風で、しめしめと思うのだが、次に行った時にはまた元の勢いに再生しているのである。家の傍にあっていつも見ていられるというのでもなし、これでは埒があかないと、唐鍬を担いで行って掘り出しにかかったら、これがまた思いも及ばぬ大仕事、何度刈られてもへこたれないも道理、竹のように節のある管状のものが入り組み、重なり、からみ合い、層をなし、がんじがらめの固まりとなって、それぞれから伸びるタワシの毛の剛根で地面を掴んでいるのだ。

とうてい一株をそっくり起すことなど出来ないので、幾つかに砕きかけるに、まるで木の根に当てるように鍬がはね返る。それにこの根株は大元を掘り上げたと思っても細かい這茎がまわりにひそんでいて、一本でも残れば今度は自分の番よとばかりに勢力を伸ばしはじめる。嫌気がさして去年はほとんど畑にも出向いていないので、ススキ連中はやっと厄介払いが出来たとせいせいして一段と株も広げていることであろう。

私たちが子どもの時は、山で弁当を食べるのに好んでカヤの箸を使った。山遊びをする山中にはカヤは立たないが、弁当を開くのはたいてい山の縁や切り開かれた草地などなので、そうしたところには右のように決して絶えないカヤの株が立っていた。カヤの箸はなかなか食べやすい。木の枝ではどんなにさがしても反ったり曲がったりになるが、カヤの方は曲がったのなど得たくとも捜せない。

それに青カヤの時は全体水っぽくてそうでもないものの、枯れた後の茎などは絹の光沢を持ち、滑らかで塗り箸以上の柔らかさである。大人は親指と人差指を万力になして節のところで折り離し、また長さを決めたところでは、爪を鋏として断ち切るのであるが、子どもの指の力ではなかなかこういかない。なるべく細いのを選んで、五指で握ってうまく折れたらもうけもの、駄目なら次の段に移り、そこが駄目ならさらに上に移り、とうとう手に負えるのがいちばん上の穂軸だったりする。

こんないいかげんな取り方をした箸は食べている間にたいてい折れる。そんな時でもまた取りに行ってなどということをしなかったのは、食べる楽しみの中座の方を嫌ったのだろう。ちんばの箸でそのまま食べる。いよいよとなったら、まともな方の一本を二つに折って食べ終った。

こんなへなへなの箸の思いばかりがあるものだから、奄美諸島の与論島でこれを日常の箸にしたと聞いた時は少しびっくりした。こちらではススキをギシキとかギャームト、また少し大型のものらしいのをタイなどと呼び、いずれも屋根ふきに使うのだが、これを箸丈に切って使う。いたって丈夫である。ただし、カヤ軸の中心にはスポンジ状の白い髄がある。カツオの塩辛などを食べるとここが黒色に染まってしまうので、そんなになったら五、六日使っただけでも捨てる。カヤはいたるところにあり、こうした惜しみない消費が出来るところも便利がられているらしい。

カヤの他には竹の枝も使い、こちらも枝なりの丸いままを切る。太い竹を割って削って箸にするのは正月とか盆ばかりであるという。

　これより前、奄美大島の宇検村生勝でも、葬式にはズスキ（ススキ）の箸を使うと聞いていた。その時は、ごくごくその場限り、実用には供しがたい臨時のものと思い込んだが、実際には人々にはもっと尋常なものとして扱われていたのだろう。

　北海道のアイヌも普段の箸にオニガヤを使った。オニガヤの葉を扱《こ》いて茎だけにしたものを貯えておき、一本ずつ取って節から折って箸にする。普段用にも客用にも、また正月にも使い、カヤの他には桑でも作ると、貫気別の木村キミさんが聞かせた。

　途中で刈られたりの憂き目を見ずに成長したものでは、丈も三メートルを越す高さならば茎の強靭さは竹とも見えるほどなのである。なにしろカヤ葺屋根は四十年保つといわれているのだから、その堅固さのほども知れるのだ。

　まるっきり話は違うが、便所に紙を使う前には、「ちゅうぎ」とか「すてぎ」と呼ばれる竹や木を細く割ったものが使われた。これにカヤを使った地方もあった。箸と同様にこちらもある程度の太さと強靭さとが求められるもので、元から三、四段ばかりを使うのである。カヤは短く切って馬に踏ませることもしたが、この時いちばん根元の部分だけは余りに堅いので外した、それを便所に使ったりしたものだった。

正月に

カヤの箸は各種行事の中にたいへんしばしば顔を出す。他の栗とかヌルデにしてもそうした傾向はないではないのだが、カヤの場合はその頻度が群を抜く。正月から順を追って眺めてみたい。

小正月の小豆粥を食べる箸では、すでにヌルデを取り上げたが、これにカヤの箸を用いる地方が、ことに西の地方に多く見られる。しかもそうしたところでは、カヤは一つ箸にされるばかりでなく、その他の部分で別途の用にもあてられているのだ。正月には多く十一日に〝田打ち〟とか〝鍬入れ〟とか称して、家の前の田や畑にいわいの品を立てる行事がある。松・ユズリハなどの正月飾りにはじまって、サカキ・ウツギ・しめ縄・幣束類が立てられるものであるが、これにカヤの穂を立てる地方が多い。それで十五日用の箸は、その穂を取った後の軸木で作られることをよく聞くのである。静岡の御前崎、それから海岸線を西に進んだ大東町（現・掛川市）のあたりは、箸にするカヤは十一日のタンブチコウに取ったもので、タウチコウともいわれる当日は、カヤ穂に松・幣をつけて田んぼに立て、その後のカヤで箸にする。島根の平田市（現・出雲市）の辺でもこれとほとんど同じで、海際の畑浦で西村勇雄さんに説明してもらうと、

「十五日の餅粥《がえ》、神さまに供えておいた餅を切って粥に入れる。カヤは二日のお山さん迎えに

取って来ておいて、穂の方は十一日の田打ちに立て、その元の方で家族中の箸を作り、それで餅粥を食べる。当日は成り木に鉈《なた》で傷をつけ、カヤ箸で粥を食わせることもする。食べた後の箸は取っておいて、苗代を作った時にところどころに立てておいた」

十五日の粥箸を田んぼの水口に立てる件は、すでにヌルデや栗箸のところでも見たものだが、水口一ヶ所に立てるのと違って、広くもない苗床に家族中の箸を立てまわすのでは、よほど明らけく人目をひいたのではなかろうか。当地での苗代とバラまきの形は明治の中頃でなくなり、畝《うね》作りになったと聞いた。

同じく平田市野郷町三谷では、箸はその畝づたい、歩くところの目印に立てたといった人もいた。

田植に

じっさい田植におけるカヤ箸の使用はいたって盛んなのである。山形の南部、飯豊《いいで》町上原では、田植のはじまった最初の日、カヤの長い箸で黄粉《きなこ》をかけた飯を食べる。

大豆を挽いた黄粉も、田植の行事食の定番で、これもいわくのあるらしい朴《ほう》の葉に包んで供されることが多いのである。この時の大きな朴葉に受けてもらう黄粉むすびは、私たち子どもにとってはたいへんな喜びで、今でもこれを思えば、炊きたての暖かい飯にまぶした黄粉から発される香ばしさと共に、山一つの香りを運んで来たような朴葉の香気がただちに感じられる。同じ山形の白鷹町ではカヤの箸を田んぼの水口に×字に立てると、奥村幸雄さんから聞いたことがあったが、これはどの行事の折のカヤ箸であったか調べ直す必要がある。

新潟の栃尾市（現・長岡市）新山では田植の終ったさなぶりに、夕飯に小豆飯をたき、朴の葉に盛ってカヤの箸で食べるのである。同じく下田村（現・三条市）大谷でだと、田植はじめのワセヨエに朴の葉にミズナとミョウゴ（茗荷《みょうが》）を包んだのと、苗の小束を二把つけてカヤ箸にしばりつけ、いっち（いちばん）水口《みなくち》に立てる。滋賀の信楽町（現・甲賀市）小川では、サナボリに苗三把と小さい握り飯三つとを三方荒神さんに供え、豆と米を挽いた粉を振りかけ、茗荷二本とカヤの二本箸を供える。同じ土山町（現・甲賀市）鮎河ではやはりサナボリに、菖蒲とよもぎと葱とチシャと蕗と焼魚と、それに箸だといってカヤ二本を箕《みの》に入れて庭のはしにまつる。これは今でもやっていると、昭和五十五年に大家さんがいっていたことだった。

どうでもこの日はカヤを使いたいのだろう、京都の南端、和束町五ノ瀬ではサナブリに苗を小さくくるのにカヤを用い、三宝さんには三つ、神々には二つと供えるのだ。和歌山の本宮町（現・田辺市）発心門でもしつけ（田植）終っての六月の丑の日、餅をつき、栗の葉で包み、カヤでしばって田に立てる。四国徳島の佐那河内村府能では、田植はじめをサンバイサンといって苗五把を田の縁に立て、アラレをまき、そしてカヤとヨモギとオニヒュウジ（カラムシ）を立てた。ずいぶん多種類の植物が出たが、菖蒲・よもぎはもちろんのこと、栗、それに茗荷、葱もなにかしらの大儀を持って行事に参画しているらしいことを私たちはもう知っている。カラムシは珍しいものだが、産育の折に稀に登場することがあり、この草も根が木の根のように太くて頑丈で、カヤ同様に絶やすのに難儀と評判をとるものである。

盆に

盆にカヤの箸を使うのは沖縄にも見られ、また新潟の松代町（現・十日町市）では、うら盆にカヤの箸で食べるといっている。山形の私の村などではカヤ箸は仏様の分だけだったが、この風をいうところはたいへん広くにあるのである。思い出せば、茄子や胡瓜で馬をこしらえる、あの脚にするのもカヤ箸であった。

盆行事にも田植にあったように、箸ではなく他でのカヤの姿も多く目にする。盆棚をカヤで作る。そうでなくとも棚の左右、また四隅にカヤを立てる。垣根のように周囲に張り巡らすこともある。福島のくろなにでは、穂つきのカヤ三本で盆棚前に門を作るのだ。

八朔に

山形の寒河江市などで八月一日の八朔《はっさく》に、朝、青豆入りの御飯を青ガヤの箸で食べるというのは聞くだにすがすがしい。当地では、枝豆にしても食べる青大豆を多くとり、完熟させた豆はひたし豆とし、また枝豆の時はズンダとも呼ばれるぬたなどにする。八朔の頃には枝豆がちょうど実る頃なのである。

カヤもこれまでは箸にされるとあれば前年の刈り置いたものが用いられるのだったが、ようやくこの頃になると穂が出て、軸の粘りも箸にして堪えられるほどになる。青ガヤの箸は水気を充分に吸い、重くて輝きもないが、代わりにしっとりとした口触りは悪くなく、刈り草の匂いがする。

福島の南部、矢祭町栗生の辺は、青豆御飯ではなくて赤飯になる。それをカヤ箸で食べ、終った後の箸は川に流した。茨城の山方町（現・常陸大宮市）西野内では、餅米に小豆と麦を入れた〝麦ぶかし〟と呼ぶものをカヤ茎で作った箸で食べた。

八月二十七日にカヤ箸を使うことも、新潟・長野を中心によく行われている。長野方面では多くこの日を「みさ山さま」などと呼ぶのだが、たいていは赤飯をたいて青ガヤの箸で食べ、そして穂の方は瓶子《へいし》にさしたり神棚に供えたり、庭木にしばりつけたりする。ここで面白いのはカヤ穂にあやかりのあるものを体内にとりこもうとすることである。新潟の松之山町（現・十日町市）小谷では、二十七日を「七《しち》んち盆」と称し、赤飯を炊いてカヤの箸で食べ、そしてオバナ（カヤ穂）一本を御神酒の瓶子《へいし》にさして神棚に上げ後、これを下ろして、「オバナ酒」といって家族一同でいただく。

長野県鬼無里村《きなさ》（現・長野市）上新倉の岡本さんに尋ねたのでは、カヤ穂は神棚に上げるだけだったが、この日「カヤの箸で食べればアカハラ病まない」といった。

大師講に

カヤ箸を用いる行事の最後は十一月に行われる大師講である。東北などではこの日の箸は有名で、穂をつけたままの、七、八十センチもある長いカヤを箸だといって用意するのである。人の使うものではなくて、御馳走を供えた膳に横に据え、また恵比寿・大黒棚などに供える。こうなると、箸とは呼んでも植物としてのカヤ以外のなんでもないのだが、それでも人々は、お大師さまは子沢山で、それを養うのに長い箸が要ったなどといい訳話を子どもには聞かすのである。

山形県寒河江市幸生では、お田《だ》の神（大師講）の日に二本の穂つきの長いカヤをおゆべっさま（恵比寿さま）に供える。このカヤはそのまま残して置き、節分のヤッコグス（ヤツカガシ）の、ヒコイワシをさして焼き焦がす串に使うという。

カヤはどこにでも、いくらでもあり、子どもでさえ容易に箸に出来る、その簡便さ故にこうも多くの行事に使われているのだろうか。そうではあるまい。節分の犬山椒の箸にあったように、必要とあれば提灯をつけても捜しに行くほどの面倒を嫌わぬ人たちのことである、楽だからというのではなくて、どうでもカヤでなければならない、ぜひにもカヤを使いたい理由があったのだろう。

箸以外のカヤ

さて、カヤは五月の節句に家屋根に挿される。東国ではこれは少なく、屋根を葺くのはもっぱら菖蒲・よもぎだが、国の中部から西ではこれにカヤが加わるのが普通である。たとえ中の一品が抜けてもカヤだけは欠かさぬというように中心的存在でもある。それらを屋根に挿すばかりでなく、束ねたものを、屋根の表と裏に、それとも四面に三つずつと放りのせたりもする。

九州五木村頭地では、屋根四隅に放り上げるのはカヤとフツ（ヨモギ）。菖蒲では鉢巻にしたり、女はただ髪にさしたり、また腰に巻いたりする。対馬の女連《うなつら》（対馬市上県町《かみあがた》）でも、屋根にさすのはカヤとヨモギだけで、菖蒲は酒に挿しておいて、朝その酒を飲むのである。平戸島の傍の生月島《いきつきじま》のあたりも屋根にさすのは、カヤとフツ（ヨモギ）である。山口の萩市大島では小池ツネさんに次の唄を聞いた。

猫のけんかと　端午のカヤは
しょうぶつけたか　屋根の裏

さらにこれが、カヤだけになっているところもある。同じ山口、萩の西の長門市通では屋根にさすのはカヤのみだといっていた。四国徳島県一宇村白井のスギエさん、同じく出羽のあささんの話でもカヤ一品で、菖蒲はその人の病持ちのところ、腰につけたり鉢巻にしたりするというのだった。

奄美諸島から沖縄の方でもカヤは特別なものとされ、春の「柴さし」には大島の宇検村平田ではズスキ（カヤ）のユバナ（オバナ）を、家の屋根の四隅、また小屋小屋にもさす。また「八日びー」と呼ばれる八月八日などに青ガヤの二、三本を葉先で一つ結びにしたものを屋敷や家まわり、柱、戸口などに立ててまわる。これはサンと称して、これの小型のもの、一、二枚の葉先ばかりをしばったものは、赤子を連れ歩く時に携えたり、御馳走に載せ歩いたりするのだ。

カヤが除災に使われている例はまだ他にもあり、殊に象徴的なのは、次の新潟の六日町上薬師堂の例だ。ここでは赤痢や腸チフスがはやった時に家入口にカヤの門を作るという。長いカヤを三本、縦に二本、上に一本渡す。これは、盆棚の門にも見られるものだし、それよりは葬式の時によく作られる形である。棺が家を出る時、会葬者ともどもカヤやヨシの門を潜って出る。

オバナ粥

佐渡で「おばながゆ」の件を聞いたのは昭和四十八年だった。七月二十七日の晩、オバナの若穂をとり、粥に入れて食べて、毒を除くとか、風邪をひかないなどという。穂の数はほんの一、二本らしくて、まだ皮をかぶっている若い穂を使い、皮をむいてすでに赤色を帯びているのは「赤腹病む」といって白いのだけを使う。

今思えば笑ってしまうが、これを聞いた時の私はススキを食べるということにすっかり異常反応を示したものだった。年中行事にはまだ関心も知識もなく、それよりも「行事に現れる食物は、かつて先祖たちの食料だった」などという民俗学の一説を聞きかじっていたので、ススキの穂は米が入る前の古代人の食糧だったのではないかと興奮したのである。これがそれほど突飛なこととも思われなかったのは、子どもがチガヤの若穂をツバナと呼んで腹がふくれるほどにも食べるものだが、同様にしてススキの若穂も食べられていたからである。

しかし、カヤのさまざまな形の行事参加を見て来た後では「おばな粥」の真意は歴然、魔よけのカヤで腹の中のお祓いをしたのだろう。新潟・長野の「みさ山さま」の酒に浸したり、湯につけたりしたのもここに継がるものだった。

薬に例えれば、カヤを家まわりに挿したり、穂を立てたり、箸にしたりは外服薬、おばな粥などは内服薬の役目である。

みたまの箸

一年の終りの大晦日の夜の母親たちは忙しかった。やり損ねたり先送りした仕事ももう後がないのだから一つ一つこなしていかねばならず、元日の用意はあり、年取り膳の賄いもしなければならなかった。この日は常にはない真白な飯で、それも仮にも不足したりしないように毎日の倍にも量を構え、しかも極上の炊き上がりとなるよう気を配る。

出来る限りの皿数の料理を作り、大鍋にけんちん汁などを煮る。この日の御馳走には塩鮭の切身がつき物で、家族中、小さな子どもにいたるまで銘々に据えられるものだったから、それも炙らなければならない。私の家では、魚焼などいろりの傍の仕事というと、いつでもそこに居坐っている父親がしぜんと引き受ける格好になっていたようだった。

大きな羽釜の御飯が炊き上がると、いつでも朝や、まつりの度にしていたように仏様の膳椀にお菜と共に盛って供え、それから、ピカピカに光って粒の一つ一つが起って来るような張り切っている飯を小さくむすびに作る。気は急《せ》くのに炊き立ての飯は握るには熱すぎて、母親はよく手をこまねいていたものだった。小さいむすびで、子どもの作る土のまんじゅうほどの大きさ、だから傍で子どもは手伝い方を申し出るのだが、ついぞ手を触れさせてもらったことはない。

この小さい丸いむすびを十二個（うるう年は十三個とかいっていた）作り、それを不思議なことに洗って用意しておいた箕《み》の中に、一辺に三つ、もう一辺を四つと、四角に据えるのである。しかも、それで終らずにその各々の真中にカヤの箸を一本ずつ立てる。握る方は諦めても、これこそは子どもの得意とするところと手を貸そうとするのだが、これさえも喜ばれず、このままごとのような楽しみを母は一人占めをしてしまうのだった。

みたまの飯

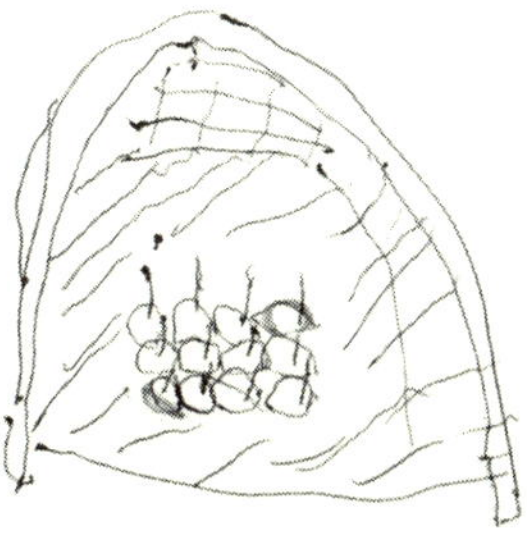

これをオミダマサマと呼んで、仏壇の隣の床の間に据えておく。仏壇の方は灯明がつき灯され、供え物も盛られ賑わしいのに、明りもない、座敷の片隅という形ばかりの床の間にひっそりと置き去られるのである。寒い北国のことであるから、翌朝にはもう凍って、たとえば透ガラスが曇りガラスに、または、水晶の眼球が濁った白目に変ずるように姿が一変している。こんなだったら、あの輝くうちに食べてしまったら良かったのにと惜しむ気

持でいっぱいになるのだったが、凍っているうちはまだいい、たしか小正月まで置いた。その間に寒がゆるむと、二つ、三つ、四つとほぐれて来て砂のように崩れ広がり、ひどくみすぼらしい姿となったのである。

この形は他でもたいてい似たもののようだ。山形の上山市周辺でも、箕の中に十二個、また十三個並べてカヤの箸をさす。青森の南端、南郷村狄館《えんだて》でも、ミダマメシと呼んで箕に半紙を敷いてむすびを並べるところは同じ、ただたてる箸は当地で平生に使うハシギ（ミツバウツギ）の箸である。

岩手の三陸町（現・大船渡市）上野でも同じ箸、コメノギ（ミツバウツギ）の細枝を皮むいたものだが、さすことはなく、十二膳をまるって箕の中に据えるそうだ。ここでは握り飯ではなく十二個の小餅で、それと干柿と栗も一緒に入れた。名前は同じくミダマサマと呼ぶ。

山形の南端の小国町では名前がオミダマサマ、箕にのせる家も、また五升枡の中に入れるという部落もある。市野々の高橋さんによれば、握り飯十二個を五升枡に紙を敷いた上にのせ、その枡の隅に干柿・栗・昆布を添える。箕を用いる叶水などでも、三品を傍に据えるのは同じなのである。そしてこちらでは一つずつに萩の箸を立てる。平生も萩箸は使い、オミダマサマの箸も普通の箸丈であるという。上の握り飯は十五日の「あかつき粥」に入れたり（市野々）、「七くさ粥《がい》」

に入れたりする（叶水）。

新潟の松之山町（現・十日町市）の小国義恵さんによれば、当地では正月四日にやることで、「かま神さま」にやるとて、釜の蓋を裏返したのに握りめし十二個をのせ、それに八寸ぐらいにした豆柄を一本ずつさす。かま神さまは子どもが十二人いるというそうである。

箸を立てる話は聞かなかったが、渥美半島伊良湖でもオンタマといって、三十一日に盆の上に半紙を敷き、十二個の握り飯を三列に盛ることを小久保さんより説明を受けた。愛知の東栄町尾籠ではその入れ物は重箱だった。和歌山の本宮町（現・田辺市）発心門になるとふたたび箕が現れて、ここでは正月十五日の小豆粥を朴葉を切った上に七つ盛りのせるのだ。

不可思議なならわしようである。ミタマといわれる名称から、これは先祖の魂祭りだと一般には説かれているようだが、それにしては箸を突き立てる供し方が異様である。私たちの生活の中では茶碗に盛った御飯に箸をつき立てるのなどをひどく忌み嫌っているのだった。しかも立てられる箸というものが、ほとんどどれもが魔よけの任務を帯びるものであることを私たちは今までに見ている。ミタマに多く用いられたカヤがそうである。麻がらのこともこれまで幾度か出て来たと思うが、理由のほどは不明であるものの、麻全体がモノ除け物と目されている。「お祓いさん」とも呼ばれる幣束に麻の垂らされるのなどはもっとも普通に見られるところであろう。萩は萩で日常の箸にする他に正月の雑煮箸にするところあり、暮の煤払いの箒に一枝加えるところありと、なにやらいわくあり気な木だ。

その箸はまだ置いてもいい、確実にモノ除け(魔よけ)物といえるのが、箕である。今は農家でもあまり箕を使うことがなくなったが、元はどの家にも一枚二枚といわず何枚もの箕があった。穀類の収穫時に葉や茎やゴミ・ほこりと実を選別するもので、山のような葉屑などを入れた箕を両腕で前に抱えて上下にあおって風を起せば、軽い屑はたちまち吹き飛ばされ、後には充実した実ばかりが残る。

その機能からであろう、払いものの呪具にされ、子どものはしかなどには子を箕の中に入れて、右のひる仕種をする。九州方面で主に子どもの着物だけを同様にするのは、省略された形なのだろう。これを「箕で三遍あおげばはしかにかからない」とするところもある。狸に化かされてなにか妙なことを口ばしる時には箕であおる(三重県紀和町)という土地もあるし、また岩手の久慈市久喜でなどは風除けに屋根に登って箕であおるのである。そういえば火事で火がこちらに向かって来た時、屋根に登って同様にする地方もあった。

葬送にも箕は多様に現れて、埋葬後の塚上にかぶせられた箕も私は見たことがあるし、東北には死体の上の魔よけに箕を載せるところがある。葬式から帰って来たら塩や水を使うのはお祓いであろうが、これらの品をのせるのが、玄関先に据えた箕の中という例が多くある。
箕だけを見ても、ミタマの飯が尋常な捧げ物ではないように見えるのである。

盆

ところで、ミタマは盆にも現れるのだった。房総半島もこれが盛んな土地で、千葉市の山手、土気《とけ》や和泉では、十四日の午後三時頃までに御飯を固く握って四、五個から十個ぐらい作り、それに麻がらの箸を一本ずつ立てる。これは仏さまが旅に出るのに持って行くのだというそうである。土気の松山ハヤさん（明治十六年生れ）が話してくれたことだが、以前はこのミタマを、

　みたまくんねかい　たまくんねかい

といって若い衆がザルを持って貰い歩いたそうである。

南隣の市原市金剛地で聞くのも普通の御飯を固く握ったのに麻がら一本ずつおっつぁして供えるところは同様、「今夜はみたまだね」といい合うと。さらに、同じく東京湾に面して南下したところの天羽《あもう》町関では握り飯四つに麻がら一本ずつそれぞれおっくじって（上部で折り曲げて）さすというところは少し他と違っている。半島南端に近い富山町（現・南房総市）平久里では真直ぐな箸になって、材料もカヤになり、十センチぐらいに切ったカヤ箸を束ねて供え置き、それから幾つ

でも握った握り飯に一本ずつさす。

下田市の広岡や稲梓《いなずさ》では十五日にあかめし（小豆飯）を炊き、それを十ぐらいもむすびにし、麻がらを一本ずつさす。供えるのは早いほどがいいといい、仏たちはまんざ山に集いでもするのだろうか、こっから「みたま食べたかよー」というのだそうだ。伊豆最南端、南伊豆町の一丁田でだと竹箸になって、箸は何膳も作って供えておき、それから四つ作ったむすびに一本ずつさす。

山陰の福井になると、大器の飯に箸何本もという型が現れる。県東の敦賀市浦底でおもやさん（明治三十七年生れ）が説明してくれた。

「盆施餓鬼には寺でおひつようの三本脚のついたものに沢山飯盛ってある。それに詣った者は、自分の家の先祖に一ぜん、寺の仏に一膳と、二膳ずつ、三十センチぐらいの麻木の箸をつき立てる。そばに水が置いてあり、それに箸先をちょっと浸してから。また水に浸したシキビで傍のセガキに水振りかける。家では仏ごとに膳を作り、小さい仏さま用の器に盛った飯に一膳ずつ麻木の箸立てる。私の家で作るのは七、八膳」

当地方では握り飯ではなくて、椀盛りの飯になったわけだが、仏さま用の食器というのはすべて普通の五分の一にも小さいから、一椀に盛った飯も、あらかたミタマの握り飯の一つぐらいであったろう。敦賀市から西の三方《みかた》半島のあたりも、仏さまの飯盛りに麻がらの箸を立てると同様にいう。この一帯、人が死んだ折の枕飯、「一膳めし」に立てるのも同じ麻木の箸で、二つは近似の形なのである。

半島東隣の美浜町日向では、十四日、家ごとに重箱にうず高く飯を盛るところが、前の寺での施餓鬼にやや似る。ただし立てる箸は麻木の箸一ぜんだという。これより西の小浜市矢田部では、仏さんの飯幾つか盛ったそれぞれには麻木箸を一ぜんずつ立てるが、ガキさんにといって大きい器に飯を盛り、これには三膳立てることをいう。十五日日暮れ時の送り火にも、麻木を焚くものだと。

握り飯にするか椀に盛るかその形に意味はない。問題はあくまでも箸をつきさすところにあるようである。さきほどもちらと触れたが、これは人が死んだ折の枕飯にきっと関連する。

どうしてこんな箸の立てようをするか、後の同章を見ていく課程で、この謎はおのずと解けるように思う。

枕めしの箸

子どもの時は誰もがきっと経験しているかと思う、茶碗に盛った御飯の上に箸を立てるとえらく叱られた。わざとするわけではない。食べている最中に急に手を開ける用が出来て咄嗟にやることでも親は目ざとく見つけて叱責に及んだ。人が死んだ折の〝枕めし〟の形と同じになるからであるが、単にそればかりでなく、どんでん返しの舞台のように、普段には現れない裏の世界がせり出して来るがごとき空怖ろしさと、得体の知れない嫌悪とを人々はこれに感じるようであった。

枕飯は、人が死んだら直ぐに炊き、死骸を横たえた枕元に、一本バナ、線香などと共に据え置くものである。飯に限らず団子もあるのだが、その時も、「目を落したらすぐに」、「息を切ったら直ぐに」などのいいようで粉がはたかれる。このように間をおかずになされる理由を人々は、死人はいちばんに善光寺にまいる。それの弁当だなどといい合うのである。

しかし、枕めしには死人のためのものだとはとうてい思えない、きわめて不自然な様相が数々あるのである。

まず枕めしを炊くには常のかまどを使用しない。土間や庭先に石を積み、キャンプの飯たきのように三本棒を立てて俄のかまどとし、あり合わせの小鍋で一合ばかりの飯を炊き上げる。こんなかまどでは満足に火の加減も出来ないものだが、さらに、焚物も手を使わずに足で押して焚くなど粗末な扱いをするのであるし、また炊く方の米も水に浸しおくどころか、砥ぎもせず、それに量も少ないものだからまともの飯になどならない、形は同じでも中味はめっこ（半煮え）飯である。これを茶椀に押しつけ押しつけてんこ盛りにする。かまどは当然蹴りこわし、これに使った鍋も一週間ほどは外にさらすか、水につけるなどをする。これに使ったヘラなども二度と使ったりすることなく、川に流すのだ。

そして山盛りの飯上には箸を突き立てる。それも多くのところでは「一本箸」と称して、箸の一本ばかりをさすというのはどういうことだろう。私たちが常の生活の中で一本箸が使われることはと考えてみると、トコロ天を食べる時にはこんなだった。祭りの出店などで注文をすると、箸一本を横にのせてくれる。それから甘酒もそうだったろう。しかしこれらはすすり込むための介添えともいう役向きで特別なもの、他に物を食するのに箸一本を使うなどは絶えて行われることがないのだ。

枕めし

（佐賀県玄海町牟形）

枕飯の箸は一本ばかりでなく、一膳揃えて使われる時もある。ところがこうなるとまた、とんでもない形が行われる。一本は普通に上から縦にさし、他の一本をこんどは横につき通す。つまり箸を十字にさし立てるのである。この変った形が思いもかけず北から南まで広い地に見られるのには驚くが、宮城県の海寄りの地では、枕めしは「いっぱいめし」の呼び名なのだが、雄勝町（現・石巻市）桑原でならカヤの箸をこのいっぱいめしに縦横にさす。唐桑町（現・気仙沼市）も箸の材料は聞かなかったものの、同様の十字形である。近畿になって和歌山の清水町（現・有田川市）上湯川でも、また、九州は福岡の志賀島、佐賀の玄海町牟形でも縦横十字の形である。さらに沖縄にも同形が見られ、与那城村（現・うるま市）西原で説明を受けたカタチリメイ（枕飯）も縦にさし、一本を横に交差させるのであった。

これは、十字というにはその形象があらわにはされないのであるけれど、それでもやっぱり交差させるところに狙いがあるのだと思う。というのも、奄美大島などでは、二本の箸を飯の上、表に見えるところであぜて（交差させて）立てているからである。つまり、×の形で飯上に立つようになる。島の大和村名音ではミチバンメと呼ぶ一合めしの上にこれをやり、飯も箸も棺内に入れてやる。隣、宇検村の生勝で枕飯をグシュガハンメと呼ぶのは後生の飯という意味で、やはり一合めしを炊いて、それにズスキ（ススキ）の箸を左右斜め上からあぜて立て、死人の枕元にはこれと、ロウソク、線香を立てる。こちらの盛りつけようは、てんこ盛りではなくて、口広の茶碗に横に広げるように固められるものだから、二本箸の×の形もなりやすいようである。

和歌山の、前に十字に立てると紹介した清水町の隣の龍神町（現・田辺市）野々垣内では、少し変った形、一本を立てたところに、もう一本を半ばで折りかけて立てると聞いていた。これなども結局のところ飯の上で×を描かせたかったのではなかろうか。

葬送の場で箸を十字に組むことは他にも例があるのである。この件は前に書いたことがあるので（『死とものの け』新宿書房、参照）あまり細かくは述べないが、岐阜の北部では、人が死んだというと直ぐに箸を一ぜん十字に結んで死人の体の上にのせておく。死体の上にはふつう鎌とか鉈《なた》とかの刃物、また魔よけの箒、弓矢などをのせるもので、これは今でも行われている。岐阜のこの地方は普段でもヒノキ箸を使う。ヒノキを割ったのを鉈で削った丸箸で、大年（大晦日）というと決まって一年中の箸掻きをするものだった。この丸箸を、藁一筋や木綿糸でしばって十字形として死体にのせるのである。息切ったら直ぐにこれをやるそうで、本人の使っていた箸をしばって使うという人もいたが、また、さっそくにやって来た組の人が掻いてくれると告げた人もいた。これはしばらく前の採取で、状況をよく尋ねなかったのだが、多分他の地方と同様に、死体上の箸一つ削るのではなく、葬式に入用な大量の箸掻きがなされたついでだったのだろう。この風習は十字の材料が麻がらに代るものの、石川、新潟と近辺にもっと見られるのである。

箸を焼く

枕飯についての次なる不思議は、飯上に一ぜんの箸を立てるに、箸の先を焼き焦がしてから立てるというものである。熊本の五木村田口では、竹で八寸ほどの長さに一膳の箸を作り、食べ口の方を焼いてそれを上にして盛り上げた飯の上に立てる。同じ部落でも、葬式には麻がらの箸を使うので、その麻がらを「火つくぐらいに燃して」という人もいるのである。下谷という部落でも竹箸を焼くところは同じで、それを「一ぜんめし」に立てる。一ぜんめしは死んだら直ぐに小鍋で炊いて盛り切り、先の箸共に棺内に入れると。

まるで煙をくゆらしながら立てた線香のさまであろう。線香は香りに意味があるらしいのだが、沖縄方面のウコーは姿は板状（縦に線が入っていてそこから割って使う）、タドンを平たく伸したようなものだから、これを炉に立ててくゆらせたところは、堅炭が頭を赤くして立った姿に重なって見えるが、その沖縄のウコーの姿を私は連想してしまう。

火は最強の魔よけであった。それだからだろう、その火が後に残した炭も、火に継ぐほどに重要な魔よけの品、モノ除け物である。これは「火」、「炭」と判然とさせるべきでさえないのかも知れない。火のあるところには必ず炭が伴うもので、炭を見れば即火に合う効能を生じるのかも知れない。

ホグシ

このような形が他の行事ではあったかと見渡せば、稲作りのいちばんはじめの籾まきに見い出される。一度だけお目にかかったことのある新潟県六日町（現・南魚沼市）の種村準一さんによれば、当地では籾まきをした時、カヤをおしょって（折って）二尺ぐらいにし、上を焼いて黒くしたものを二、三本ずつ田の真中の列に三ヶ所ぐらいに立てた。虫よけだといってすることだったという。山形の小国町大石沢の高橋しのぶさんの話にも、若い頃の田植時の思い出の中に次のようなのが出た。

「籾まいた時、苗代の真中にカヤ一本立てる。苗ひきでこれに当るとおしょって（折って）二つ同じ長さだと思いごとが適うという。カヤは、泥ちょっと上につけてから立てるようだった」

これも泥で黒いのではなく、焼いたものだったように私には思えるのだがどうなのだろうか。

これよりさらに火の姿留めるのは「富山県史」にある次の例だ。やはり場所は苗代で、

「大島地区ではホグシといって二メートルあまりの竹の先に藁を束ね、先端を焼いたものを刺した」
ホグシはいうまでもなく「火串」であろう。出来ることなら、いちばん力ある火を燃し続けもしたいところ、そうは出来ないから、炭に代弁させようとしている。

こんな呪意を含めたものを突き立てた茶碗の飯は、決して惜しまれて世を去った死人のためのものではないのである。

針をさす

しかし、最後の話に比べたら、この焼箸もまだいい方か、箸をさすどころか、針をさすのである。長野の北部、小川村や中条村（現・長野市）では、枕飯は飯でなく団子なのだが、「四ツ団子」などといって作る、これも粗末なこぬかが材料の団子に縫針をさした。縫針ばかりでなく筬歯《おさば》をさしたところもある。機織の道具の筬《おさ》は、その他の機具も呪に使われるところを見ると、なんぞいわれがあるのだろうが、それは除けておいても、細く長く、それに磨ぎすまされたようになっている竹製のオサバは針にも見合うものなのである。枕飯や団子は棺内に入れてやるところもあるのであるが、渥美半島では、その時、団子三つに一本ずつ針をさすとか、握りめし一つに米糠をまぶし、針二本をさすなどをする。奈良市阪原でもお握り二つのうち一つに針をさすなどをするのである。

銭

枕めしの不思議の最後には、熊本県蘇陽町（現・山都町《やまと》）に見られるもので、枕めしの上に一文銭をのせるというのがある。一文銭が幼児などのお守りにされることは前にも出たが、その他にも戸口のお守りに吊るされたり、厄払いにまかれたりするのだ。葬式の折なども大いに銭の出番があって、道中、辻々にまかれたり、死人の首にも糸に貫いた一枚を吊るしたり、身に添わせてやったりする。棺を入れる前の穴底にこれをまくこともするのだから、死人の小遣い銭ではなくて、除けごとのためにあることは間違いない。これを鋳る前の大もと、金物の魔よけに連なっているのだ。

結局のところ、枕飯につき立てた箸の役目は、焼き焦がした串、いってみれば火串とも、針とも筬歯とも、また銭とも同じ、まよけの働きの内にあったということだ。

それならなぜ飯や団子があるのかといわれれば、モノ払いでは、それを除けるこうした祓いごとでは、祓いの呪と、それから供え物とはペアになるのが法則みたいなものだった。ただ逐い立てるばかりでは効果も上がらないだろうし、恨みだって後に残そう、それ相応の贈り物をして大人しく引き取ってもらえば、これに越したことはないのである。

墓の箸

武田久吉著『農村の年中行事』（有峰書店）には、ミタマの写真も二葉ほど載っている。大写しの一枚は膳に盛った飯の上に皮つきらしい（本文には白木と出ている）荒削りの箸がざっと十三、四膳立っているところである。この写真を見て、まるで針山みたいというのが、私の印象であった。そしてこれと同じような姿を他でも眼にしていることに思いが到った。

旅の間には墓場に寄ることも多かったのであるが、新しく埋葬したばかりの塚の上に、これに似た姿を見たのだった。特にはっきり覚えているのは、岩手県普代村黒崎の墓で、大して大きくもない土盛りの塚の前面に、二、三十本の箸がまさに針山に針をさしたごとくにつき立ててあった。こちらでは、また後に聞くに南隣の田野畑村沼袋でも、葬列にはアライレンゴメとかオサゴと称してお鉢コなどに水と米と一緒に入れたのを持って行く。埋葬がすんだ後、参列した一人一人が、この水中の米をキミ（タカキミ）の箸ではさみ供え、そして使った後の箸は盛土の上にさして終わる。キミの箸は、キミの柄の末を使ったちょうど丸箸の太さで、これを束にして用意した中から一人ずつが新しく抜いて使うのだという。田野畑村の島ノ越でも、束にして葬列に携え行った箸でおさごを供え、盛土にさすのは同じだが、箸が柳箸とのことだった。岩手のこの一帯はお盆に作るのも柳箸で、そしてこの折も墓に供え物をした後は墓にさし置くのである。当地方を歩いたのは昭和五十五年の九月末だったのだが、宮古市重茂の墓で、その盆の箸だろう、幾つもの墓に皮なしの箸が二膳、三膳ずつさし立ててあったのも見ている。

もう一ヶ所は、壱岐島、芦辺町（現・壱岐市）国分の墓で、こちらはさすのとは少し異なる、塚上の四周を石で囲って真中だけが少しの土の部分になっている、その上に丈も長目の竹箸が二、三十膳、重ね散らせてあった。三本ほどは縦にさしてもあったのである。湯岳の部落で聞けば、葬式には青竹を割って箸を作り、家族の者は当日および四十九日までこれで食べる。四十九日にまとめて墓に納めるといったから、その箸だったのだろう。

以上の他にもまだ数ヶ所で私は目にしていたように思う。一度は確か割箸が立っていて乱雑なと見たのだし、これは奈良の東部山手の村をまわった時だったと思う、やはり割箸が、土の上ではなくて、底の浅い木の菓子箱に何十膳も納めて塚上に据えてあった、これなどもかつてはまき散らすすかさすかされたのではないかと思ったりする。

人々は死骸がモノに犯される、いってみれば奪われるのを怖れてたいへんな心の労し方をしたのだが、その心配は死体を土の中にすっかり埋め隠してしまってもなお続いたようである。おそらく骸が崩れだし、魔ものが入れ替ろうにももはや役に立ち難くなる頃までその心配は続いたのだろう。

だから埋葬後の魔よけにも手は抜かないもので、鎌や、お祓いの呪具、箒を立てるのはよほど手軽な方、墓上で火を焚き、青竹をはしらせ、一時のそれでは心許ないと塚を囲んで一晩中火縄をくゆらせる。これを七日間続ける。火縄の形でないまでも毎晩火焚きに行くことは広くで行ない、この時も、「マツをたく」といわれいわれするのである。火を焚かないところでも、「足音をさせないかん」といって交替で夜の墓まいりをする地があるし、夜行が重荷だったためか、朝の夜明け方に「墓見舞」などと称して、鎌や鍬を担いで行く。鎌や鍬でなにかしようというのではないから身の守りなのだろう。

塚の上にのせる石にしても、魔を祓う呪意のある、つまりモノ除け物であることは確言してもいい。それは節分の豆まきの豆と共に小石がまかれることや、はやり病気がはやった時に戸口に石を吊る例からでも、また辻々に石を立てることなどでもうかがえるはずだ。子が産まれた折には拾った小石を身近に置き、祝い（斎い）の膳に据え、うぶ湯の中にも入れられる。人の死の折にも、死んだら直ぐに石を枕元に据え、または枕の下に敷かせ、棺の中にも入れてやる。

岩手の岩泉町小本では、盆には浜から平たい丸石を拾っていって先祖一人一人に三つずつ重ねて立てまわすという、これなど種類は異なっても、塚上を箸で覆うのとごく近似な意識下にあったように思われてくる。

三、すりこぎ

すりこぎ

「すりこぎにするには山椒が一番」といわれるのを耳にして思ったのは、味へのこだわりだろうかということだった。山椒は薬味にされる香気高いものである。食べるのはもっぱら葉だが、これだけの葉をしているなら木の方にだってその資質はひそんでいるのだろう。すりこぎは、ただ物を叩くのなどとも違って、磨り減り方も激しい。なにがしか少しずつ食品に入り混じるわけで、香木をもって来たのはそこも見込んでなのではなかろうか。

とんでもない。そんなことではまるっきりなかった。九州佐賀の鎮西町（現・唐津市）打上や、生月島壱部ではダラ（タラ）ですゝゝゝるこぎを作ると聞いた。タラの刺は山椒よりももっともっとすごい。山椒もたくましい形の刺ながら、まだ刺と刺との間合があるから掴みも出来る。ところがタラの木の方は枝がないので、その分の刺を一本脚の幹全部に集めたようで、指でつまむ隔を確保するのがやっとだ。

山椒の他にあるのはタラばかりではない。同じ九州天草半島の河浦町（現・天草市）益田でツマさん（明治三十一年生れ）の話には、こちらではするこぎはドンノイゲという木で作る。今も家で使っている。ドンノイゲはイゲダラ（タラ）よりもっとイゲ（刺）の多か木だという。同じ町今村で石田ちとせさんは、ドンノイゲでは杵を作ると教えた後、「葉こまか、藤ん葉のごと」といった。

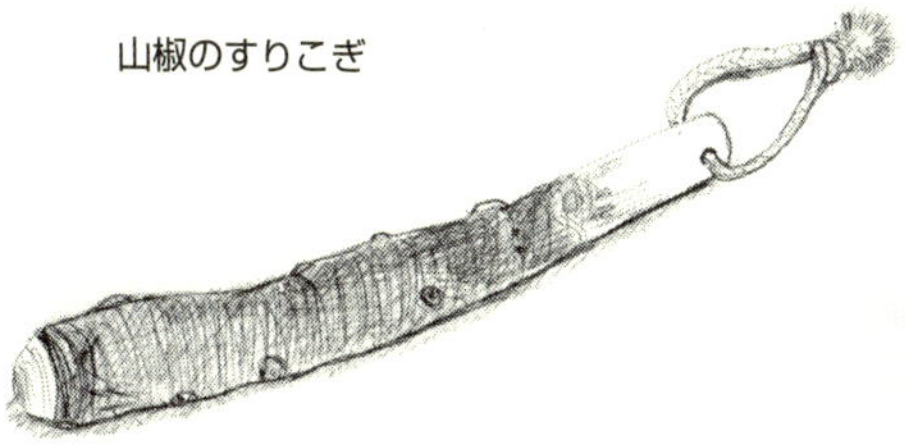

山椒のすりこぎ

多分カラスザンショウなんかをいうのじゃないかと思う。一方、福井県三方町（現・若狭町）鳥浜で今井さんにたまたますりこぎにする木はと伺ったら、「トリトマラズがいい」との答だった。この木の刺あることはすでに前にも出ている。

壱岐では春グミと称するナワシログミを連木にする。連木の他にも、いろりの自在鉤・ゲンノウの柄・杖などを作るのである。

グミもしばしば行事に顔を出す。まず節分にヤツカガシなどと共に枝を戸窓に立てるところがあり、また籠の目にもさされる。房総半島などでは当日いろりに焚くものとした。奄美大島などではグミはもう薬扱いで、木を煎じて、熱の出た時、寒気のする時、また咳止めにするという。島の宇検村生勝でシマさんは、クヮチョウフウ（破傷風）など、熱の出た時に削って煎じ薬にするといった他、ムカデに噛まれたりしたのにも、同じく煎じて飲む。「グヴゥギ（グミ）はいちばんの薬で、島では宝だ」と少しオーバーなもの言いをした。この木はジル（いろり）のガギ（鉤）にもすると。

グミの木の重んじられる理由も私には長くわからなかった。死人の臭いがするといって焚物にするのを嫌うなどから、臭いにあるかなど思ったりしたのであるが、しかし、この刺の部に分類していい可能性はかなり高くある。家近くに植えられている改良されたグミなどでは、ほとんど刺も意識されないものだが、野生のグミでは、小枝として出るところが刺に変形するみたいに、枝分かれごとに刺がある。その刺も半端でないことは、「クイ（刺）がえっとあるけ」（広島県音戸町（現・呉市）早瀬）、「クイの木ださけね」（愛媛県砥部《とべ》町宮内）などの説明を受けることでもわかるもので、それはまた、はからずもグミという名の起り、クイミ――グミを教えるものでもある。

さて、天草半島は、東端、松島町（現・上天草市）内野河内では「すりこぎはコカンノキ（ネム）」と聞いた。このネムというのも一癖あるもので、桑と同じに家を建てる時に建材の一部に使うというし、土用の丑の日に皮や葉を取って干し、熱さましにするというし、それを粉にしてお香にした。ネムノキをコウノキ、コーカノキと広く呼ぶのはこのせいであろう。ネムの小枝はまた、夏越や七月七日の「眠り流し」といわれる、多分、例の送り物に川・海に流されるものでもある。

すりこぎの材料に桑の木も当てられたことは、前出「一、日常の箸―桑の箸」でも二、三出たところだった。桑の採用地は広くにわたり、青森の八戸市妻ノ神で中村浅次郎さんも、「すりぎは桑に限る。中気にあたらない、病気にかからない。桑は黄み帯んだ木だ」といった。新潟の真中辺、栃尾市（現・長岡市）西野俣や下田村（現・三条市）曲谷でも、人々は「おめぐりぼうは桑の木がいっち。中風にならね」という。

日常生活では役立たずとばかり思っているヌルデを、すりこぎに用いると耳にしたのは対馬の西海岸女連である。「ハシレギ（ヌルデ）はパチパチとぶ木、内では焚かない、風呂焚だけ、スリコギはたいていハシレギで作る。ハシレギの実（虫えい）かねどめといって粉つけた」と。

また一つ珍しいのは麻木も使われていた。長野県戸隠村（現・長野市）平のゆきのさんが話してくれて、麻でも自然に種子がこぼれて生えてくるフッツェというのが大変に成長が良く太いものになる。これから来年の種もとるのだが、その麻がらをすりこぎにしたという。

桑もヌルデも麻も、読者には馴染なものである。

爼（まないた）

箸についてはまだ少し前から気にしていたものであり、行事の中にもしばしば現れることで、私の集まった資料も多くなっている。ところが、前の項にあるすりこぎにしても、爼にしても、またヘラ、椀にしてもその貧弱さかげんは話にもならないほどである。なにしろこれらにまで気がまわったのはつい近年のこと、すりこぎのいわれを察し、また「爼よお前もか」と叫んだばかりのところなのである。

そんなわけで私の記録カード、これは名前ごと、一事項ごとに小型のカードに記入してあるものだが、その数がたとえば爼に関してはたったの八枚限りである。しかも少ない中の四枚は加計呂麻島の同一種を扱ったものだから、さらに心細くなる。

とはいいながら昭和五十五年に訪ねた同島西阿室で浅田秀吉さんに教えられたことは、今に思えばすこぶる示唆に富んでいるのだった。

「まなちゃ（俎）削って煎じて飲めば、悪い物を吐く。まなちゃはブブギで作る。これに桑木のめしげ（ヘラ）、山椒のすりこぎを使えばむのふぇ（モノ除け）になるといった」

カードには「悪い物を吐く」としか記していないが、腹痛が起きた時とか、物あたりした折に煎じ飲むというのであったろう。ブブギ（英語のbubugiのように発音される）の俎はこの島に普遍なのらしくて、同じ西阿室で他の人からも聞いたし、その人からはまた正月十五日の餅を成らすまえ玉もブブギだと教えられている。嘉入部落では名称がブテギ（Butegi）となって、マナチャ（俎）を作ることをいい、ブツギとなる薩川でも同様だった。このブツギ、またブブギがリュウキュウエノキをさすのだと教えてもらったのも、ここ薩川で学校の先生をつとめる登山さんからだった。

リュウキュウエノキのことは私は少しも知らない。けれどもエノキ（榎）に関してなら、意味ありげに用立てられる二、三の例はあげることが出来るのである。加計呂麻島では正月の餅花（まえ玉）さしに使われたが、鹿児島県出水市上大川内でも餅花はエノキにさすのだった。節分のヤツカガシの串にエノミの木を選ぶのは鳥取の海沿い中山町（現・大山町）下市にあり、新潟の粟島では正月の年夜に桑の木と榎の木を一本ずつ家の前に立てるそうだ（日本の民俗「新潟」）。鳥取の西部では大年にどうでも榎を焚くのである。こちらは大年にも年越（節分）にも同じ行事を二回行うところがあるので、そうした地では両日ともに榎を焚くのである。あまり太いところではなく枝など折って来るのだが、榎はよほど燃えが悪いらしく、家中煙だらけになる。その火に人々は腹をあぶって病気にならないという。大山町鈑戸の太田たねのさんはエノミ（榎）は「まよけになるといって焚く」のだと教えた。

こんどは県の東部にある佐治村（現・鳥取市）余戸でのこと、どれほど榎が重要視されるものか、当地では臼の材料に榎がいちばんといわれ、榎の臼が村に三つあればその村は栄えるという、谷上政雄さんの話である。それで榎はよく屋敷内に植えられもしたのだろう。県内には広く次の歌の流布を見る。

こちのお瀬戸にえのみを植えて
えのみならずに金がなる

俎に関してのカードの二枚は、柳を材料とするものである。青森県八戸市妻ノ神の中村浅次郎さんによれば、柳には何種類かあるが、俎にするのは猫柳ではなく、正月のマエダマ（餅花）をさすのと同じ枝の垂れる柳だった。これは軽いし、白くてきれい、それに木の目がいい。朴《ほお》でも作るという人があるが、朴は柳より白いには白いものの木が堅く、包丁が減るというそうだ。ここの南隣、南郷村（現・八戸市）世増でも柳を用いる。

さらにカードの一枚は、伊豆半島南端の静岡県南伊豆町吉田でいうところのセンダンである。そのいい方も面白くて、「センダンの俎は魚が生きる」と。料理する魚が生き上がっても困るだろうが、それほどまでに尊ばれる資質というのだろう。

私の仕事の進め方を少し聞いてもらうと、「箸」でも「すりこぎ」でも、この「俎」でも、カードケースのそれぞれの分類のところをまず曳き出す。それから、それに関して、今の榎などが出ると榎の性格を調べるため、植物の分類の榎の項をのぞく。じっさいのところ、それぞれに関連するものすべて一項にまとめてあるという完備したのからは程遠く、なにか一つを調べようとすれば全資料を引っ掻きまわすという大騒ぎを演ずることが、しばしばなのであるが、ともかくそこではじめて各方面からの報告が寄せられて、裏付けがとれたり、想像したものの形が線太く現されるようになる。

そこでセンダンの場合だが、わずかにこの場に関係しそうな次の一資料が紹介出来る。

「実食べると虫下しになる。センダンの木の皮煎じて神経痛の薬にする」（三重県紀和町（現・熊野市）小栗須）

魔よけの品が薬という名目で内服されるのは、これまでも見て来たところである。

その他に俎の民俗に関することでは、山形の白鷹町貝生の工藤兵次さんからうかがった、葬式の折、湯灌にかかわった人たちが酒、塩、干しコ（煮干）を噛んで厄払いをする、その品を俎にのせて出すのが決まりだという、これなども少し気になるところだ。塩も酒も、それから生臭ものの干しコもお祓いの場に度々現れるものだが、この時の俎も彼等と共同歩調をとっていると思っていいはずである。

カードの最後の一枚はヒノキで、これは私が記録に手を抜いたというだけで、じっさいは度々耳にしている。ヒノキの俎は一般に商品として出廻ってもおり、木質が秀れているためにただの好材料として選ばれているような気がして書き取るまでもないと思われたのだ。その点はヒノキの箸に関してもまったく同様がいえ、私はその箸についてもほとんど記録を取らなかった。

しかし、それも粗忽というもので、ヒノキもまた充分にいわくある、つまり魔よけに力ある木のようである。たとえば祓いの行事として知られる節分に、ヤツカガシの串と共にヒノキの枝を立てる土地もあるからである。いろりにヒノキの葉をいぶし、ヒノキ葉を焚いて豆炒りもする。御幣はこれを振りまわすのを見てもわかるように祓いの呪具と見ていいが、三重県宮川村久豆ではその御幣串はヒノキで作って置くものだった。正月には家の表側の柱あるだけにこれをくりつける。当地では「ヒノキは神の木」といって御幣串の他にもお供え棚もヒノキで、供え物をのせ置く台もヒノキ板にするという。けれども決して神だけの木ではないのは、トンバ（塔婆）も杉かヒノキだというのから知れる。

その久豆で、俎もヒノキで作ると聞いて記録しておいたのが前にいう俎のカードの最後のものだった。

「ヒノキの俎は臭いがするので板にしてから一ヶ月ぐらい水につける。ヒノキの他には朴でも作る」

ヒノキの箸もいつまでもいい香がしたものだった。俎にするにはその臭み抜きをしなければならないというほどでは、これもセンダンと同じ性をもって取り立てられていたのかも知れない。ところで、どうして記録カードの内訳などのつまらないことを打ち明けるに及んだかというと、次なる不安がまとい出したからであった。読者をしてこんな思いを抱かせていないか。

この著者の手にかかるとなんでもかでも、当るものがみんな魔よけになる。自分の持論を組み立てるために都合のいい材料だけを取捨選択をしているのではないか。

しかし、それはまったくないのである。それよりはみんな、ほとんど一つも残さずに魔よけ、言いかえれば、行事や葬式や病除けやいわくのあるものに継っているのに私自身が驚いている。これは単純な素材だろうと思って、件の植物の項を覗くと、きっとなにかの行法に関わっている例に出食わす。これでは、まるで魔よけにならない植物はないのではなかろうかと心許なくなるばかりである。

かつて、人々は山に住み、草も木も、衣の糸の一本一本のように身に添わせ、また掌の内にしていた。だからなににつけてもいちばんにこれらを利用し、頼りにしようとするのはうなずけるのだ。目に見えない迷惑なモノ等を除けるのに決定打はない。ただ少しでも可能性のあると思われるもの、相手をして閉口させると思われる、刺や臭みや、音や、勢い盛んなもの、死に難いものなどを、たとえば、お守りのお札を掲げるみたいに並べたてる他はない。

そのお守りになる性格の植物の種類が幾つもあるし、またところによれば、生えている木の種類も異なるということで、かくも間口の広いものとはなるものと思われる。

ヘラ

旅をしていて、家の玄関先のお守りなどを見て歩くのは楽しみだ。新築の家になると途端にこういったものは一掃されるらしく、なかなか少なくなったが、それでも時たま出くわす幸運がある。社寺仏閣の各種お札にはじまって、刺の魚や貝が掲げられ、蜂の巣が吊るされ、ニンニク、唐辛子が控え目にぶら下がる。そして中に折々ヘラもある。玄関長押《なげし》の上に二、三枚のヘラが横並びにはさみ並べてあったり、またこの場所には簡単な祠型のお札を納める箱が作られていることも多いのだが、この一隅に札と共にあったりするのである。また前にはあったと語る人もある。「古い家の時は大戸にしゃもじを吊っていた」とか、「戸袋の上にしゃもじを張りつけてあった」などと語る。

話に聞くだけなら、ヘラの用法はまだまだ多岐に亘るのである。しかもそれぞれが、本来ならば、「救いがたい無智蒙昧の迷信、俗信」と苦笑するばかりの面白い形だ。疫病がはやった時にヘラを吊り出すのはしばしば耳にする。鳥取の海際、中山町（現・大山町）塩津では子どものはしかがはやって来ると、しゃもじに「はしかもうすみました」と書いて吊るのだった。

百日咳もはしかほどではないものの、時には命を奪われる、親にとっては油断のならない病気だった。山梨の南端、早川町新倉では「しゃもじに『百日咳』と書いてとまぐちに吊るす」と、これは大正四年生れの望月ウラ子さんが聞かせた。

子どものこうした病気となると、親たちは俄に文字の上で饒舌になり、一口上書かずにいられないのである。これも魔よけらしいアワビ貝やビワの葉を吊るにも、「子ども留守」とか、「吉三はおらん」とか、「ささら三八のお宿」とか一筆をもって書いて出す。だがもちろんこれは後の世の発想で、誰にも文字が書けるようになってから起ったこと、それ以前はしゃもじもそのままの形で吊られたのであろう。

これに人形《ひとがた》を描く場合もある。佐賀県多久市北多久ではフーバレ（頬腫れ、お多福風邪）に子どもがかかると、しゃもじに人形の顔を描いたものでふくれた頬っぺたをこすり、その後川に流した。天草半島河浦町（現・天草市）益田のツマさん（明治三十一年生れ）の話してくれたのは百日咳の折、「しゃもじに人形かいて電気柱にうっつけ（打ちつけ）とけばいい、それを見る人に移る」と、少々陰険な企みだ。文字ではないものの、これもしゃもじがそのままでモノを祓う具なることを忘れて、もしくはそれだけでは頼りなくなって、身代りに立てる呪意も加え合わせたものらしい。

同じ百日咳で、静岡の御前崎にも近い相良町（現・牧之原市）須々木で、大正八年生れのしんさんが聞かせた、「ローマイ（ブリキ製米櫃）の底にしゃもじを入れとけばしやぶき（百日咳）せんといった」というのも、まるで根拠はありそうもない。だが、百日咳には直接関係しないと継がりをゆるめれば、もう少し意味を持ってくる。私たちは、この箸を使えば病気にならないとか、歯が痛まないとか、産が軽いとかいわれるのを見て来た。その箸使用の確実さを促すための智恵であろうか。相良町でいう「百日咳」もその一つで、ただ米櫃にしゃもじを入れさせたかったのではなかろうか。もっとも貴重なる食品の米のしまい所にはいくらモノ除けを設しても設し過ぎることはないのである。

しんさんは、いつも姑に「ローマイの底しゃもじ入れとけよ」といわれた。そのローマイは近頃はボタン式のハイザーになっているが、しんさんは「今でもハイザーの底に入れてある」と語っていた。

栃木県の「粟野町誌（史だったか）」に、親の厄年の年に生れた子はしゃもじを添えてえ方の辻にすてるとある。親の厄は子に及ぶものらしくて、子を捨てる（捨てる真似をする）ことは各地に行われるのだが、この時は多く、モノ除け物の箕に入れるのだから、その箕に加勢するしゃもじの助力が喜ばれるのも理解出来るところである。新潟の村松町（現・五泉市）山谷ではカギノハナ（自在鉤の縄）に杓子を下げていたという。自在鉤も大事なものだからさもありなんとも思われる。

子どもを守るのにしゃもじは多く活躍したようだが、お産に現れる次のような例もある。各地にシャモジの首が汚れていると難産だというのがあり、それでお産の前にはことにきれいに洗っておく。

これだって、栓ない世迷いごとと男たちには笑われるところだろうが、棺桶に片足つっこんでするといわれる命をかけた出産に臨むにあたって、しゃもじに関わりを持とうとする背景には、モノ除け物のどれにでも、合力を頼もうとする女の懸命さ、また怖れを感じないではいられないのである。

よく出産の折には、さまざまな神様が寄らないことには産まれないということがいわれる。その最たるものは箒の神さまで、難産というとすかさず持ち出される。生れた後も、母子の傍に、迷惑な客を追い出す型に逆さに据え置かれるのである。福井の三方町鳥浜で今川さんも同じようなことを聞かせた。

「お産には皆の神さまに集まってもらわないと出ない。箒の神さまや杓子の神さまだ。それで箒うっかりまたいだりしたらいただいておけという。神さまがどこそこでお産があるから行こかと杓子の神さま迎えに来た。杓子が、首汚れているさかい行かんといった。だからあんばい洗うとかんといかん」

箒がよほど有力なモノ除け物であったことは、もっともそれを除けるのに心を尽くしている人の死の折に、死体の上にのせられ、墓上に立てられるのからでも知れる。こうしたモノ除け物に対しては日頃からていねいに接しなければならなかった。そうでなければ、かんじんな助けの要る時に精出して働いてもらえないからである。

さて、しゃもじはどんな材料をもって作られているか、ここにもお馴染の顔ぶれが見られるであろう。桑の木のヘラのことは箸のところで併せ述べている。

栗の木はその桑よりもずっと多いようで、岩手の宮古市、釜石市から愛知の東栄町でなども聞く。紀伊半島ではもっぱら杓子になって、「お粥《かえ》じゃくしは栗でばり」（三重県熊野市育生町）などとなる。飯を盛るヘラも、汁をすくうシャクシも同じ名になることも多く、その場合はメシジャクシ、シルジャクシ、またはメシガイ、ジルガイなどとなるのである。奈良県十津川村迫野では「シャクシもメシジャクシも栗で作る」という。九州屋久島の楠川でも栗の木でめしげ、（ヘラ）を作るのだった。

ネムノキもここに現れて、対馬の上県町（現・対馬市）女連や隣の宮原では、これをコウケンノキの呼び名でしゃもじを作る。女連で聞いたことだが、当地では正月の門松にこの枝も添えるのだそうである。熊本県五木村下谷、田口では名前がコーカノキ、めしぎゃい、また下駄を作る。「よう割れる」と。

同じ九州島原半島の北有馬町（現・南島原市）坂上で教えられたしゃもじを作る材料のクロキという木も、なにかのいわれはあるのらしい。「クロギ卒塔婆木」といって卒塔婆にはされるし（熊本県五木村下谷、天草有明町大浦、長島蔵之元、佐賀県嬉野町東吉田）、棺には葉を詰められるし（佐賀県嬉野町、天草河浦町）、クロボウと呼んで棺の担ぎ棒にはするし（屋久島楠川）、こうした土地では多く墓や仏壇に供える。コウジンさんに上げるとする地もある（佐賀県富士町〈現・佐賀市〉日池、島原口之津町〈現・南島原市〉）。

これがミズキとなると縁起ものであることは歴然。正月にはさんざん巾を利かすのであり、また桑の木がそうだったように、家を建てる時の材料に加えられたり、棒ばかりなとしばりつけられる。岩手の普代村黒崎や田野畑村机、宮城県唐桑町（現・気仙沼市）大沢では、これでヘラ、シャクシを作るのだ。

屋久島の原で「ゴゲ（ヘラ）はサカキで作る」と聞いたのは珍しい。島でいうサカキは一般にヒサカキをさすようだが、二者は使われ方は似たようなもので、熊本県人吉市田野などではサカキを新築の棟木にくくりつけるのである。滋賀県甲賀町（現・甲賀市）唐戸川でいうのは棟木に吊しおくのは縄一束と、それからサカキとミズキだ。

サカキは神の木とみなされているが、屋久島も含めて墓に立てるところは広くにあり、人が死んだ折にも枕元のハナとされ、棺に詰められ、死者の首にかけてやる袋の中に納められるのである。

人吉市田野で前ほどの話をしてくれた元田孝雄さん（明治三十九年生れ）は、メシゲェ（ヘラ）の材料についてもはじめて耳にする品をあげた。

「めしげぇ、ユズリハで作る。ユズリハは山に大木がある。臼もユズリハで作ったりした」

奄美大島、宇検村芦検では家がカヤ屋根の時代、ユズル（ユズリハ）を棟木にした。どうでもユズルを使う。きっと、前にいう粗相を恐れるの気持強過ぎるのだろう。ユズルの棟木材を山から降ろす時には地面を曳いたりしない。肩に担いで来ることだと話者の話したことだった。ユズルの棟木はそばの加計呂麻島西阿室でも聞いているから、島には広い習俗と思われる。

椀

調理されてあとは食べるばかりになった御馳走を入れておく椀には、一時的に接するすりこぎや俎にも増して厳重な魔よけが必要だったものと思われる。

桑の椀のことはすでに出たが、長野の根羽《ねば》村中野で石原よねさんが聞かせたところによると、こちらではキワダで椀を作り、病気しないといって使っている人たちがいたという。

キワダはもの凄く皮の苦い木で、各地で腹薬や風邪薬になっている。岐阜の坂内村（現・揖斐川町）のあたりではダラスケと名づけられる薬が売られるようだが、これがキワダの皮を煮つめたものだという。中身の木質の方までこの性及んでいるとは思えないものの、いずれそのあたりに見込まれた理由があるのだろう。

今いう中野では、キワダは正月のニュウギを作る木でもあった。ニュウギは、他では、オニギとか、オオニュウギ、また十二月などとも呼ばれる。鬼を追い払うというので鬼木の意味らしいのである。ヌルデ、タラ、ネム、カシ、椎などの木を二つ割にし、その割った面に炭で十二の線を引き連ねるか、または「十二月」とか「鬼」とか書いて、戸口、門口や家のまわりに立てる。よねさんはしかし、「今はキワダが見出し難くて、ニュウギにはフシ（ヌルデ）を使っている」とのことであった。椀には他にも魔よけの木を多く使ったのだろうと思う。だが、もし材料に魔よけの品を使えなかった場合でも、それを補うに別の手だてもここにはあった。色を塗ることである。それも魔よけにいちばん強力な、火と見紛う赤色。

私は前に青森県八戸市の是川を通った時、是川遺跡をのぞき、縄文時代の朱塗りの美しさに目を奪われたものであった。弓、櫛、欠けた椀などに残る朱色の火を吹くかとばかり思われる鮮やかさ、力強さ、思いを込めに込めたふくみある陰影、こうした気迫のようなものを除けば、現代の塗物にも変らない輝く虹の色だった。こうして朱塗は長い時代続いて来たのだろう。

田舎でも塗物の膳椀はよく使った。私の家などは普段はお膳とせいぜい椀ぐらいなものだったが、行事というと一式が塗物だった。一つの膳に飯椀・汁椀・お平・つぼと、四つほどが組まれ、これが一の膳で、二の膳用の一まわり小型の膳もあり、これには矢張り朱塗りの小盆などがつく。三つ重ねの重箱も外側は黒だが、内は朱であったたし、婚礼などに持ち出される三つ重ねの盃も、これは今も使う内・外朱塗りである。

これらの膳椀が客の数だけしまわれてあって、年に何回とも使われることがないのだからずいぶん無駄なように思われるが、この他にも一式、膳も椀も内外黒いっそうのがあって、こちらは葬式に用いるのである。これまでも見て来たように、人の死も、出生も、正月もイワイ（斎い）が必要だったことでは共通だったからである。

葬礼には塗椀が本来の目的以外に用立てられることがあった。福井の山の村、名田庄村下で、マスさんと、ワサさんが二人してどういう訳だかといって話してくれた。

「納戸口（納戸の外縁）で湯灌する。その時身内の者が頭からお椀で湯をかける。お椀は中が赤の外黒、なんのわけか必ずお椀を使った」

命を奪った死神がまだ取りついているとばかりに死骸の傍に寄るのを怖れる人たちだから、湯灌に際しては、縄帯、縄だすき、口をふさぎ、鼻をつめ、生ぐさを食べ、香をくゆらしと、散々防御策を構じるのである。朱塗りの椀は、介添えをする方のためにあるのか、死人からものを祓うためにあるのかはっきりはいえないが、椀を選ぶことも大いにありそうなのである。

椀を棺の内に入れてやるのが習わしのところも広くにある。山形の小国町大石沢では椀の蓋、これは汁と飯椀の他におひらにもつくものだが、それをオガサと呼んで、朱塗のものを入れる。話し手のみさをさんは、たいていが朱塗といったが、同じ村大宮では「赤いおがさ入れる」と聞いたから、ほとんど赤に決まっていたのだろう。古い塗物を見ると内外共に赤いから、外側を黒にしたのも時代が下るかも知れないのだ。

新潟の十日町市の山間地帯、長里ではミズノミガサといって、朱塗の古しい椀の蓋を一つ入れる。孕石でもミズノミオガサ、死人の使っていた赤椀などを入れるそうだ。樽沢でも朱塗の椀は普段でも使っていたので、そのような一つを入れるといっていた。

これより北になる栃尾市（現・長岡市）中野俣で金内カンさんは、塗物の盃、また半端になった椀の蓋などを入れてやる、朱塗の盃などはよくあるので入れること多いといった。

山口県徳地町（現・山口市）柚木でもこれは耳にしていた。水飲みだといって塗物の椀蓋一つ入れるのである。死んだ時にもタチバノゼン（出棺前の膳）に必ず塗物の膳椀を使うといっていた。人の死に使われた塗椀が子どもの生れた時にも持ち出されるといっても、儀礼、行事、身のまわりに行われるほどのものはどれも祓い行にあったらしいことを見て来た読者には、不審がられることもないであろう。生れ子のうぶ湯は、禊の色濃いものだったと思われ、塩からはじまって、石、金物、燠、焼火箸、蜂の巣、汚物として厠の糞、とさまざまなものが子を入れる前の湯の中に浸されるのである。

塗物もその一つというわけで、こちらは椀とは限らない、塗物ならばなんでもいいらしい。千葉の君津市辻森では、椀でもまた重箱でもいい、それを入れてから子を入れ、うるしにかぶれないという。「うるしにかぶれない」はどこでもいうことなのである。その御利益が親たちをしてこの風を今まで牽引してくる力にもなったのだろう。長野の中ほど三郷町でも県南端の天龍村でも湯の中に塗物を入れて、うるしにかぶれないことをいい、岐阜の板取村（現・関市）門出でも「うるしかぶらん」という。

日南町阿毘縁《あびれ》できよのさん（明治二十八年生れ）の入れた品は、漆塗りの椀か盃、それに包丁、燠一つ、そして塩を振った。ここを訪れたのは昭和五十七年暮だったが、きよのさんは、孫五人、頭が四十でおとごが三十、これらの皆にやってやったと聞かせたものだった。徳島もこの風盛んなようで、神山町から西に一宇村（現・うるぎ町）、木屋平村（現・美馬《みま》市）と、いずれも「椀に入れる、うるしやはぜに負けん」といった。

うるしかぶれはじっさいに往生するもので、そのためウルシの木もモノ除け物になっている。正月や産人の食事ごしらえに、またうぶ湯に焚かれたり、土用に食べられたりしているからである。だから棺内やうぶ湯の塗物もウルシの木からのいわれかとも思い巡らせても見るのだが、そうした迂遠なものではなく、ここはやはりウルシの木以上の強力な魔よけ、赤色にあったものと私は確信する。

四、なぜ箸を使うのか

食品のまよけ

北海道アイヌの人たちの行う習慣の中に次のようなものがある。夕方や夜など近所に御馳走を持ち行く時にはその食物の上に燠を一つのっけて行く。もらった方では燠をまたいろりになど戻し、ついた灰をふっと吹いたりして納める。

またもう一つ、ところによっては、燠ではなく菖蒲で、これの葉をちぎってのせて持ち運びをする。当地でスルコクスリと呼ばれる菖蒲は、薬にも、魔よけの品ともされ、戸口に根茎を掲げたり、株ごとに頭上に吊るされたりしているのを目にするのである。

これらの話を聞いた時、私はどこでも同じことをするのだなあと思った。これより二年前の昭和五十三年に訪れた沖縄でも、しばしばこの類を耳にしていたからである。

こちらは菖蒲ではない、ススキなのであるが、それの葉先を一つ結びにしてサンとかサイとか、またハニとも呼んで食べ物の上にのせる。野良に届ける弁当にも、まつりに会食する重箱にも、お墓に供える御馳走にも、隣近所や親元に贈る料理にも、外を持ち歩く食品全般に関してなのである。屋敷内にはさすがにススキはないが、一歩外に出ればたちまち道路端になどこれと対面出来るのが島の風景である。それだから、簡単には、行きがけにサンを作って添えることもするらしい。おつかいの子たちはよくこんなに念を押された。

「ムン（モノ）の食《こ》うだし（食うから）サン作《ちく》て入りり」

「ヤナムン（いやなもの）除《の》けるごと、サン作《ちく》て歩《あい》きゅんど（歩くんだよ）」

サンはこと食品に関するばかりではない、島では主要なるモノ除け物とされていて、多方面にわたって用いられるのだ。

まず、御馳走を持ち歩くと同じように、幼児を連れて外を歩く時にも持たれる。ことに日暮れから夜にかかる時には欠かせぬもので、子を抱いたりおぶったりした者の手に携え、また女たちは髷にそれを挿したりもした。この場合は食物にのせる折と違って形は大きくて構わないので、それを持って左右に振りながら歩くという人もある。与那国のツッサン（サン）は藁をしばったものとのことだったが、これを持つのは「マディムノ（魔もの）に見《ん》たりんなん（見られないように）」だといっていた。

子どもの病気の時にはサンは枕元に置かれもする。「翁長旧事談」には天然痘がはやった時に、門の両脇、ひさしの四角にグシチ（ススキ）三本を束ねて葉先を結んだのをさしたとあった。これと同じことは八日《ようは》びーと呼ばれる、十二月八日、八月八日の節日に行われ、屋敷まわり、家まわり、さらに瓶や臼などにまでススキ三本のサンがさしてまわられるのである。

人が死んだ時にもサンは現れ、島南部の与那城村（現・うるま市）西原などでは、葬家の家前にサンと潮水とが用意され、葬いに寄った人たちは、潮に浸したサイ（サン）をもって体を打ち祓う。

これらは沖縄と北海道と、国の両端にばかり残った希有なる習俗なのであろうか。私は当初そんなに思った。古風さは中央を離れた辺鄙なところに残りやすいもので、これらは辛うじて姿をとどめた貴重な古代の遺風のように思った。

ところが、これが早とちりもいいところで、その後注意をしていたら、全国くまなくこの風習が及んでいたのである。真赤な唐辛子はその赤色からであろうか、戸口に吊るされ魔よけにされるが、長野の一部では食物を人に贈るにはその唐辛子を一本のせて行く。私の今いる秩父ではそれが臭いネギである。時々村の人に差入れをもらうが、それにいつもネギが一本とか半分、時には葉先だけとか袋中にあるので、なにかの都合でまぎれたものとばかりはじめは思ったものだった。

小豆・大豆も多くある。このいずれも魔よけに力あるらしいことはすでに言及したところであった。三重県南部では、嫁どりとか六十一才などの年祝には米一升を贈るのが相場で、その米に小豆粒を紙に包んでのせて行く。岐阜恵那郡（現・恵那市）の串原村や愛知県東加茂郡（現・豊田市）の旭町では、子が生れたというと、「おびやしない」と称して米粉を贈る。それにはナンテンを添え、七夜に招ばれたのには米一升か二升、それを重箱にいれて小豆粒を添える。嫁どりの祝は米が二升で、この時もナンテンか小豆粒をのせるという。

宮城の海の村志津川町（現・南三陸町）戸倉では、病気見舞はうどんが三把とほぼ決まっていて、これを角盆にのせ、上に大豆を四、五粒、もしくは干しイワシをのせて持って行った。ずっと昔はキリムギ（うどん）を作って行ったものだという。鳥取の、これも海際の中山町（現・大山町）では、紙を折って「黄粉《きなこ》入れ」というものを作り、贈物に添える。嫁とりとか六十一の祝には、ジキロウ（六升入る）に餅を入れて行く、その上に少量の黄粉を入れたキナコイレをのせるか、もし黄粉のない時は生の大豆粒を幾つか入れて行く。このキナコイレは現在では名実伴わないものになり、黄粉は入れないで紙折だけですまされることが多いそうである。

こうみて来ると、贈物のほとんどが食品であることに気付かれるであろう。わけても米は中心的なもので、子が生れても、まつりでも、また人が死んでもこれが行き来する。それもよほど頻繁にことが起るので、女たちは端ぎれを以って見た目の良い米袋、一升入り、二升入り用のと縫っておくものだった。その袋に関してさえ、葬式に持って行った米袋は一週間軒にさらすとか、はしかの子に米袋をかぶせれば軽くすむなどの俗信が出来ているほどなのである。他に贈るといっても余裕の品がなかったからだろうと言えばいえなくはないが、また米に代表される穀類は除災の品であった。これをやりとりするのにはもっと切実な意味がこめられていたのかも知れないのである。

贈物に添える品で、植物以外で代表的なのには生臭ものがある。たいていはイリコ・ホシコ・ニボシなどと呼ばれているだし小鰯を添えるのだが、これにも幾つか変化があり、鳥取の海寄りの村々ではヒイゴ（飛魚）の羽根（ヒレ）をもっぱらにする。こうしたところでは飛魚を食べたら羽根をぬかりなく、柱や板戸に貼りつけておくのである。ところがここに面白いのが、その貼り置く場所が家の内ではなくて玄関先でもあることだ。それだから、旅人の目にも、風をはらんだ帆のようにぴんと張り切った美しい彼の魚の斜め広がりのヒレを見ることが出来る。戸口片方の板壁に、ほとんど青海波の模様をなすまでに二、三十枚も並べてあるのにも私は赤碕町（現・琴浦町）で出会っている。これはなにも食べた数を誇るのではないのであって、贈物に付して魔よけにしたように、戸口に掲げて家の守りにしているのだろう。ブリの尻尾やマグロの尾を玄関先に打ちつけて魔よけとする風は他の地方にも行われている。

これらの添え物の種類で意表をつかれるのは紅と墨である。紙を細長く折ったのを、結び文のように結んだり、また折り組んだものに紅とか火墨の点を押す。鳥取の南部から島根にかけては、これを「結び魚《ざかな》」と称し、子が生れての祝の品に添えるというのだが、米粉とか餅米二升、また布四尺とかの上に、女児なら「結び魚」の上に紅、男児なら鍋底の墨を一点押しつける。もらった方ではその数を誇るように柱になどその「結び魚」をずらり貼り並べておくのだそうだ。生れ子の額につける火墨や紅も、本来は男女ともに同じ品だったのだろうに、町方などになると墨は男児に、女児には紅をと差を構えるところが出来てくる、それと同じ成りゆきなのだろう。

これが産見舞の折ばかりでないところも幾らもあって、鳥取の溝口町（現・伯耆町《ほうき》）福島や二部では、祝ごとの贈物にはヒイゴ（飛魚）の羽根（ヒレ）と、ナンテンを紙で包み水引でしばり、その水引の上と下とに指でなすり取った鍋墨をつけるのである。またところによってその形いささか変り、紙を細長く折ったものを一つ結んだところにヒイゴの羽根とナンテンとをさし、結び目の上に鍋墨をつけると聞かす人もある。

水引結びにしても折紙の一つ結びにしても、沖縄のサンにひき寄せられる感を覚えないだろうか。

また、紅はアイヌが御馳走の上に置く燠火に呼応するのだろうと思う。紅や赤い色が出ると、これと組み物でもあるように火墨が現れるのを見ればそう思われても仕方がないのである。それに、このことにもちょっと触れておきたいのだが、赤は火を語り、そして火はこれの親とも見える空のヒ、太陽を代理するらしい。モノが火を怖れる背景には、この昼を司る絶対的なる後ろ楯があるからだろうと、これは拙著『生とものの け』（新宿書房）にも書いたことだった。

沖縄では食品が饐《す》えた状態、味が変ったり、酸っぱくなったり、糸をひいたりになったのを、ムン（モノ）が手を差入れたからだという。不思議なもので、ほとんど同じ条件下でも、一つはたちまち腐り、一方は大丈夫ということがよくある。雑菌に犯されるか、それがはびこる好条件に会うかしているのだろうが、人々はどうしてこの現象を理解出来たであろうか。病気がどんなにして起るのか悟れなかったのと同じように、外からの悪意の手によって、彼の貪《むさぼ》りによって生じるとひたすら思い込んだとしても無理ないことである。

モノはかつては人だったもの、これが死んで恵まれない不幸な魂、いってみれば無縁仏のようになったのがムン、モノ、マモノになるのだと人々は見ている。だからモノは人間臭いどころではなく人間そのもの、人の喜びとなす食べ物にもはかり知れない執念を燃す。

沖縄の人たちは、野外で弁当開きをする時には、真先にムン（モノ）に施すといってそれぞれの料理を箸先で少しずつ周りに放ると度々聞かされた。これも弁当本体の安全を保証するのには、いい手であるに違いない。神送りと称する送りごと、祓いごとには必ず食べ物が供えられる、これももっとも相手の気をひくものだから、よくその効を奏するのだろう。

食品のまわりには厳重な魔よけがなされる必要があった。赤子も幾重もの魔よけの垣で守られたものだったが、食品もほとんどこれに匹敵する扱いを受けたのではなかったろうか。

なぜ箸を使うのか

台所に入れぬ

人が死んだというと、さっそくに近所に知らされ、村人集まって葬式の段取りがはかられ、女たちは台所に入って葬式当日に向けての賄い方がはじまる。その食事ごしらえの場に、葬家の家人は足を踏み入れてはならないという禁忌がある。

ところによってはこれがなかなか厳しいもので、台所に入るどころではない、近寄ってもならぬとまでいうのであり、おひつ、しゃもじ等に寄るのを嫌い、膳椀などの道具類も人に頼んで出してもらう。働き者の主婦などにはこれがまだるっこしくて、つい自分で手掛けたりすると、明らさまに悪口をいわれ、気の強い相手であるなら面と向かって非難に及ぶ。この折の賄い女たちはすこぶる権柄高いのである。静岡の大東町（現・掛川市）大坂で大石雅次さんは、子どもにも「かまやへ入っちゃいかんよ」と念押しておくことだといっていた。

この風習はまるっきりないところも、あってもややおだやかな地方もあり、今は遠方との婚姻、行き来も多いことで、こうした異なった習俗を持つ人たちが一つ葬式に出会うと、とんだ軋轢を生むことにもなる。広島の口和町（現・庄原市）真金原のあたりは、台所への手出しを厳しく忌む地方である。ここのしずよさんが打明け話をした。

「家では婿を宇部からとっている。その兄《あに》さん（婿のこと）の実家で母親と、長兄の連れ合いさんとの二度の葬いがあり、その度に娘夫婦が行った。その時、娘がなんの手伝いもしなかったといって近所の人などが悪しなに言った。このあたりの者は台所のぞきゃしません」

台所の賄い方は、かなりな勝手もするらしい。彼女らの占領している場所が場所だけに、食糧を気ままに扱い、時にはボタ餅を搗いて食べたりする。食べるばかりでなく、子どもを呼んで外にまで持ち出しもする。なにしろ、「死人の大食《ぐ》らい」という言葉があるほどで、葬式のすむまでは一切合切葬家の糧食でまかなわれる。それも各家の台所を預かる母親が詰めているのだから、子どももついてくるという具合で、一村の賄いが葬家一つに依るようなことにもなる。その上、ボタ餅ぐらいならまだいい、時には米・味噌まで運び出す手合いもあるそうで、「葬いには米俵が塀を飛ぶ」などと、諦めの口調をもって語られもするのである。

家人が台所へ入らないの禁は、この勝手な振舞を見られないためにあるのだと話してくれる人々がある。しかし、そんな表面的なことでは決してないようである。必ずしも家人とは限らない、湯灌に手を染めた人たちにも同じ禁忌が課せられているからだ。

湯灌は、近頃の形式ばかりのやり方とは違って、前はたいそうなものであった。たらいに湯水を入れて、藁のたわしなどでざぶざぶ洗う。男女ともに頭を剃るので、その水をかけながらカミソリも当てねばならない。それから死装束をつけ、小さい立棺に入れるために体をたたんだり、しばったり、時には骨を折ったりなどしながら納棺して終わる。その間、湯灌人には難しい作法が課され、縄帯に縄襷、頬かぶりに、口をふさぎ、鼻を詰め、さらに取りかかる前には酒を飲んだり、生臭ものをかじったり、塩をなめたりするのであり、終ってあとの清めの方法にも厳しいいろいろがある。

「食物に手をかけぬ」の禁忌もそれらの一環としてあるのである。

「湯灌やった者、七日たたにゃ何《なん》にもなぶれん（いじれない）。七日までは飯自分で盛れない。菜も人が盛ってくれたのを食べるだけ」

これは岐阜西部の谷汲村（現・揖斐川町）上神原で弥太郎さんの聞かせたこと。七日というのに驚く。福井の名田庄村（現・おおい町）でのように、「葬式のすむまでいろえない（いじれない）、用意してもらって食べる」といった土地もあるのだが、それよりは七日とするところの方が多いようである。谷汲村ともごく近いながら、揖斐川沿いの久瀬村（現・揖斐川町）でも同じことを秀雄さんがいった。

「湯灌やった者、一週間食べ物に手かけぬ。みな取ってもらって食べる。だから、一軒に女が二人いるところでなけにゃ湯灌の役は出来ない」

新潟県南部の松代町（現・十日町市）でも広くで、

「湯灌する者はツナギ（藁を穂先で継いで縄代りにするもの）帯しめてやる。七日の間、飲み食いさは一切手かけぬ」

と聞く。

一日ぐらいなら、まして男ならさしたることもなさそうだが、七日も続くとなれば、それ相応の負担もかかったことであろう。それに、盛ってもらってでも食べられるならまだいい、そうはいかない地方もあったらしいのである。「日本の民俗・石川」（第一法規出版）に次の一項がある。

「湯灌や納棺した人は、ある期間自分で食物を食べず、人に食べさせてもらい、七日間は馬屋へ行ってならず、道具も持ってならないとされた」

「ある期間」はどのくらいか、その後に七日とあるから七日間なのであろうか。人に食べさせてもらうとは、信じがたいような事態であるけれど、しかし、各地で繰り返された「食物には手をかけぬ」の中には、すでにここに行き着く兆しが見え隠れしていたような気がする。

日本の例ではないものの、次は右の最終段階を埋めるものなのではなかろうか。

「死者に触れたものがその手で食物に触れてはいけない風習はポリネシアに広く行われる。サモア人、死者の世話したものは数日のあいだ赤ん坊のように他人の手で食べさせてもらう」（渡辺照宏『死後の世界』岩波新書）

人々は死人に近づくことを極端に怖れていた。それは死んだ人、それ自体を怖じるのではなくて、骸に取り付いていると見られている命を奪った張本人のモノ、いわば死神であろう。それだから人々は死骸の上に魔よけの品を置くことにはじまって、幾重とも知れぬ祓いの行法を重ねるのだが、死人に手を触れることによって、その恐るべきものが、接触した者の体に移り来ることを怖れるのだ。

近親者も死人の世話をしているので、これに準じると見られよう。しかしじっさいは血縁者は湯灌人などとは比べものにならないほどの危険にすでにさらされている。死んだ者は、なんらかの因果の歯車の一つに当って難を受けたのだろう。ところがこの因果は同じ血の流れている者にはみな共通根がある。死んだのが親だったとしても、ひょっとしてそれは子に及ぶべき不幸だったのかも知れず、子が死んだら、親にも同じ死をこうむる可能性があるのである。一つ血に継がる者たちが絶対安全と思い切れるまでの長い間物忌にこもるのはこのせいだ。

こうした死神を背中に背負っている者たちが、みなの食べる物に手につけたらどうなるか、たとえば、伝染病の病原菌を移すみたいに穢れを村中に広げることになるのである。

家人や、湯灌人は、手はあっても使えない、いうなれば〝手なし〟の状態になるのである。しかし、考えてみればこの〝手なし〟状態にいたるのは、一つ、人の死の折にばかりであったろうか。人々はしょっちゅうモノに取りつかれることを恐れていた。急にゾクゾクしたり、気持が悪くなったり、体に故障が来たしたりしたら、それはモノに取りつかれた証拠である。クシャミさえ、良からぬ者の手にかかったものとして「糞くらえ」などの祓いの言葉をぶっつけるほどだから、ごくささいな変化でも体は敏感に悟り、たとえば道を歩いて埃をかぶるみたいにモノに取り付き、ぶら下がれる感を抱いたことだろうと思う。そのような時に人々は家族の食べる物に手をつけたであろうか、たとえ自分の食物にしても、穢れた手で口中に運んだであろうか。そんなことは是非にも避けるところだったであろう。つまりこうして危険を覚った人たちも〝手なし〟になったのである。

〝手なし〟の状態になった人たちはどのようにしたであろう。食事ごしらえを代ってもらえる人、また食べさせてくれる相手に恵まれている人は幸せだが、それも毎々は頼み辛かろう。そこで思いつかれたのが、手を使わずに食べる法、直接手を口に運ぶのではなくて、間に手の代りをなすところの箸を置くことだった。その箸も並の棒切れではいけない。穢れが移って行ってはなにもならないからである。モノの寄りつけない、モノ除け、つまり魔よけの材でなければならなかった。

人々が〝手なし〟になってまで、食物に手をつけなかったのは、モノが体内に入ることを恐れたからであろう。外側に付着している間は祓い落す法もあれ、身の内に巣くられては、どれほどの難事がひき起されるかも知れない。だから人々はどれほど不便をしのんでも〝手なし〟になる方を選んだのだと思われるのだが、ここに福音の箸を介在させればどうであろう。体にとりついたモノ等は、手の端までは群がり来るであろうけれどもそれから先には進むことが出来ない。うっかり渡ろうとしても、身を焼くか転がり落ちるばかり、道はそこで断たれている。まよけの箸は絶縁体なのである。

西洋では食事にフォークやナイフを採用した、これも賢明なことだったろう。金物は火に次いで魔よけに力あるものだからである。

しかし、アジアを主として、箸も、ナイフ・フォークも使わない国々だってある。この人たちがどうしたかといえば、これも本章の大部分と同様大いなる勘繰りなのであるが、食品に直接魔よけの品をぶち込んだ。辛いもの、臭いもの、各種多様の香辛料、それから火と見紛うばかりの赤色にもし、サフランやウコンで太陽の色そのままにもする。

昔々その昔、私たちの祖先も箸などは使わなかった。それでも〝手なし〟の心配はしないですんでいたのだろうと思う。なんとなれば、当時は体を火の色に染め、火墨を塗り、いちいち塗るのは厄介とばかりに肌に刻みこみもし、体一つを絶縁体にしていたのだろうから。

箸を拝む

岩手の普代村黒崎というところで私は不思議な光景を目にした。黒崎は海からの距離はそうないが、山村という風情の小集落で、ここで話を聞かせてもらった下道トメさんが昼食に招んでくれた。その席で一緒に食事をすることになった御主人が、食事をはじめるにあたって、膳に据えてある御自分の箸を拝んだのである。片手に取ってというのではなく、両手を合掌し、両の親指の下に箸を横に挟む形にして、神拝みと変らない敬けんな態度でおしいただいた。

私たちのいう「いただきます」の形を伴ったていねいなものだとばかりその時は思った。ところが次の田野畑村明戸では畠山善雄さんというたいへんおだやかな一家が宿を恵んでくれた。その善雄さんもほとんどおごそかというばかりに同じ形にきっかりと拝した。この人ばかりではない、奥さんも、息子さん夫婦もそうしていたのだが、素早く一呼吸ですますのでそう目立たなかった。いや、それればかりではない、女の人たちは、箸を横ではなく、縦に掌にはさんでやっていたそれが理由でもあったろう。次の部落の羅賀で話をうかがった明治三十七年生れの中崎三郎さんに、当地では食事の前に箸を拝んでていねいな作法ですねと話題にしたら、中崎さんは、食事の前ばかりではない、終った後でも拝するとのことであった。

あれは、ただの「いただきます」ではなかった、箸に対してこれから働いてもらうために礼を尽くしたのであり、また終ってはその労をねぎらったのであった。

そういえば私たちの食事ごとにいう「いただきます」、「ごちそうさま」も不思議なものだ。なぜにこのようにいうかといえば、一に作ったお百姓さんの労をねぎらうため、一に口に入ることになった植物および動物など、自然界の恵みに対して感謝の意を表すものだといわれもし、またなんとなくそう思わされてきている。たしかに米は字のごとく八十八度の手が掛かるものだから、一粒でも粗末にするものではないと、私なども常々親にいい聞かせられており、それで茶碗にくっついた粒も、洗った鍋の底に残る粒もすくい食うなどしたものだった。

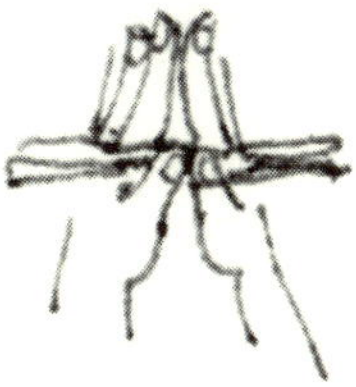

箸を拝む
（岩手県田野畑村明戸）

だが、そうしたいちいちに感謝を伝えるとは、ずいぶん丁寧なことではないか。食べ物ばかりでなく、丈夫な草や木の皮では衣を作り、動物の毛皮では防寒具を作ったけれども、こうしたものらに礼も尽くすなどの気持起したであろうか。また食物も古くは採集物として山から拾ったり、取ったりしてくるのだった。感謝といえば、取り物を多くさせた、その年の天候のよしあし、ひいてはそれを掌握する太陽に感ずるぐらいであったろう。

そうではないのだろう。彼等に対する「いただきます」ではなかったのだ。箸に対してこれから食事をするので、「よろしく」と礼を尽くしたものだった。

慎ましく、全幅の信頼をもって拝されたら、箸の働きも自ずと別なものになったであろう。

五、もう一つのハシ（橋）

橋を削る

わずか二、三十センチばかりの箸と、万人を渡す橋・ブリッジとは、よくもかけはなれたものを持って来たと思われるかも知れない。まして身体のいちばん端について用をなす箸と、こちらの地の端から、あちらの地の端にかけ渡されて、端を継ぐ役目をなす橋と、同じくハシ（端）の意をもって名としているといったら、あきれる人もいるであろう。

しかし両者は名前が一つだけなのではないのである。他にも似通った点がいろいろとある。物食う箸にはある深い因縁がこめられていたものだが、人の渡る橋にも、それに負けずに不思議な信仰・伝承・習慣がある。

人が生れた折の儀礼を調べていると、多くの、一般にいう俗信・迷信というものにぶっつかる。これは何もこの分野に限るのではなく、あらゆる世界でのことなのであるけれど、それでも産育にとりわけ多く見られるのは、それだけ生れ子の生命が危うく、死にやすかった。それを引き止める手だてに、親たちは講じられる限りの手を尽くしたということなのだろう。

そうした親たちの採用した手だての一つに、いかにも迷いごとのような次の一法がある。夜泣きの子に橋を削って来て、それを灯にして見せるというのである。

子どもの夜泣きは親たちにとって一大難行であった。今のように部屋部屋の戸じまりがなく、家一つ、部屋一つの有様に近いものだったから、夜泣きは一人母親の辛難だけでなく、家中の者みなに及ぶ。それほど情がないというのではなかろうけれど、余裕のない暮し、身の酷使の続く中ではつい非難、叱責の声も上るだろう。若い母親にとってはむしろこちらの切なさの方が上をいくようなもので、こうした声が上る度に夜の戸外に負って出るのであり、また、厚く重たい布団をかぶって、自分も一緒に泣いていたと語られることにもなるのである。

それだから夜泣き止めの呪いも深刻で、鎌を下げたり、鉈・包丁を子に敷かせたり、それをもって子のまわりを祓ったり、槌を持ち出したり、音立てて怪しいものを追ったりするのであるが、その中に火で祓いをするというのがある。簡単にはボロを燃して、炎を消したもので子の体や部屋を祓うアイヌの例、ただコエマツを灯して子に見せるというところ、獅子舞の時に焚くマツ（コエマツ）をとっておいて、細く削ってとぼし、「マツコあがして見せれば夜泣きとまる」という岩手などの例、葬列の道の辻々に立てるロウソクを子持ちの者たちはもらっておき、夜泣きに明かすこともする。

マツを灯すというのは、以前は灯りにはみな松の芯の油を持って赤色を呈した肥松を焚いたものだからで、ところによっては夜泣松と呼んでいる特別の松根株があって、夜泣きの子を持った親たちは、削って削って根の先だけになったなどの話も聞く。

その灯す材料に特別に橋が選ばれているのだった。

一本橋というところは他にもあって、奈良の十津川村小川でこまさんは「谷々の一本橋削って来て火をつけて見せる。私は○○の一本橋削ってやった」といった。○○の地名は充分気をつけて聞かなかったが、十津川の辺は川多く、谷深く、蜘蛛手のように山々に分け入っている。いちいちに橋を渡すことも適わず、またかけたとしても、間に合う限り一本橋も多かったのであろう。

大川に近いということでは、静岡の大井川最上流にある静岡市小河内もそうである。その大井川にかかっていた橋であろうか、望月りとさんによれば、「吊橋のせのこ削って燃して見せた」という。せのことは渡した橋の横板だそうで、これは少し物騒だが、吊橋では削るといったら横板ぐらいしかないのだろう。岐阜の久瀬村津汲は部落を二つの川が交錯し、私が行った昭和五十八年にはそのどちらにもそう大きくはない長さながら、がっしりしたらんかんつきの古風な木橋がかかっていた。まつをさんによれば、そのらんかんを削って灯すのだった。

こうしてみると、橋の材料が松で、肥松を手元に持たなくなった母親たちの一時しのぎの便法だったのかなどと、ちょっとおかしみをもって考えてみたりもするのだが、ことはそんな上っつらの軽薄なものではない。橋は火を灯す種として用いられたばかりではなく、他の用法もある。屋久島は、島一つが山で、その裾野、海に臨む周囲を六つ、七つの部落で取り囲んでいるというような立地である。その部落の一つ原では、削った橋を灯して見せることは他と同様にいうのであったが、隣・麦生の部落で大山トキさんがいうのは、「千人橋」といって木の橋を削って来て、布に包んで子の首に吊るすのであった。さらにこれより南西海上の奄美大島津名久で私に宿を与えてくれた満井ユキヅルさんの場合は、橋を削ったものを子どもの枕の下に敷かせるのだった。

これは、箸の材料となる桑や南天やウツギやらが首や背に吊るされたのとまったく同じ形である。人の渡る橋も食事に使う箸同様に何か悪いもの、寄られて迷惑するものを祓い落す力を備えていたと見ないわけにはいかないのである。

橋を渡れない人たち

以前の出産は窓もない納戸で、なるべく人にも知られず、声も殺して行い、生れ子も外にどころか、表の部屋にさえも連れ出さないぐらいにして、隠れるさまにしてある期間こもっていたのである。

そのこもりの期をオビヤといい、これが明けるのをヒガアク、オビアケと呼び慣わされる。熊本の相良村初神では「男児が三十日、女児は三十三日でヒのはる（ヒがあける）」といい、「その前は川にも行っちゃならん」という。橋がかかるほどでない、小さな流れでさえも禁忌のうちに入るようである。

その意味でいえば、井戸もその範ちゅうに入るのであり、愛媛の内海村のあたりでは、「七日まで井戸の端寄らぬもの」という。三重県員弁町楚原でも、十二日までは産婦は井戸水を汲まない。「三十三日までは大川渡んな」といい慣わされる。滋賀の土山町鮎河で大家やつさんたちも「十一日にひがあく、それまでは井戸のはた寄っていかん」といわれたそうだ。「火の傍よりも井戸の方をかたくいわれた」と。

地下水を汲み出し、湧き水のたまる井戸は流れただよう川とは性質を異にするようだが、源は継っていると見るのか、それとも同じ水であることから類を広げて受け取られているのだろう。

火墨

さて、こうして川と橋とから遠ざけられている人たちであるが、その期間もはれて、川を渡る時、子どもなら生れてはじめて橋を渡る時にまた特殊な儀式が伴う。

一つには、赤子の額に鍋底などの火墨を塗ることである。

福井の名田庄村でなどは、はじめて橋渡る時は「おこじんさんの墨もろうて額につける」という。この辺での煮炊きはいろりで五徳をもって行っているので、これらのことをオコジンサンとかサンポウサンと称しているのである。愛知の作手村清岳ではひあけに赤子を抱いて橋を一つ越える家に行き茶を招ばれるのであるが、その時、「猫・魔ものに行き合わないように」といってからかさをさしかけ、額に一つ鍋墨をつけて行く。設楽町田口でなどは、ひあけまでにやむなく橋を渡す時にはといって、額に火墨を二つつけるのである。

一体、火墨に対する信仰はたいへんなもので、生れ子だけとってみても、生れ落ちたら直ぐにつけるところがあり、家からはじめて外に出す時につけるのはもっと広く、さらに子どもを夜間に連れ出す折には是非にもというところが全国にある。長じて川や海に泳ぎに行く時、河童にひかれないまじないに塗られるし、九州などには大人でも他出の折には墨をいただく人たちがあり、また鬼を祓う節分の時に子どもらの額にすりつける地方もある。きっと〝火〟の代理ともいう資格で上位をいくのだ。

次に、塩をまかれることも目立つ。川に、橋に、また母子に塩を振りかけるのだ。

岐阜の久瀬村津汲のちえさん（明治四十四年生れ）の場合はこんなだった。橋といったら、どんな小さな流れにかかる橋でも、これをはじめて渡らせる時には塩をまく。昔の人は

「水の神様がいちばんおそがい（怖しい）」

といって、いつもまくことを念押しされたという。

奈良県十津川村上葛川のちよさんの一家は、私に宿を与え、家族のようにもてなしてくれた家である。ちよさんたちは、「百日までは橋渡らせるな」といわれたそうで、そして渡る時には塩をまいた。

オオハシノワタリゾメといって、身に潮を振りかけたのは三重県鳥羽市神島などだった。オオ

ハシとはいうけれど、島にあるのは大抵小さい川や橋で、そこを生後二十一日頃に行ったり来たりして戻るこの時、子どもを抱いた母親に、家の前でお婆さんなどが潮ばな（海から汲んできた潮）を振りかけ、さらにアライアネといって米と小豆を振りかける。小豆は人によって麦という人もあった。

米も小豆も、塩同様祓いものに持ち出されるもので、川渡りにも米がまかれることはしばしばである。

初川渡りに流される品物に針というのは少し珍しかろうか、徳島の神山町寄井や江田ではではじめて川を渡る時、もしくは、ひあくまで（三十三日ぐらい）に橋を渡る折には川に針を放り込むのである。

これより西奥にあたる、東祖谷山村では、年寄をということで、道の奥まった奥の井というところによしさんを尋ねた。よしさんはたしかに明治三十年生れという大年寄で、昔のことはよく何でも覚えておられるようであったが、達者なままに百姓仕事に一生懸命で、手を止めてはくれない。ただ、生れ子をはじめて橋渡らせる時に何かしたかの問に、「はじめての折は針を流した」とだけ聞かせてくれた。

「生れ子の初旅に」

と聞かせたのは、愛媛の宇和島の南、海そばの内海村（現・愛南町）家串のつるさん（明治三十五年生れ）である。こちらは近所の人と二人こたつに入っていたところで、ゆっくり話も聞けたのである。旅というから、よっぽどの遠出かと思うと、そうではない。子どもの疳の虫ひねってもらいに北灘へ、また灸を据えてもらうのには、宇和島手前の吉田（ともに現宇和島市）に行く、そんな折だという。途中には村々の間の山があり、また川がある。その山を通る時、川を渡る時に針を放った。それで大抵出かける時は髷に一本針をさして行った。船で行く時には海に針を放る。針でなければさい銭でもいいのだと。

針でいえば、人が死んだ時も大抵棺内に入れてやる。これだって、死んだ者が針仕事をするために添えるわけではなかろう。杖だと称して、箸と同じ魔よけの木を棺内に据えたのと同様に、死骸を守るためと思われる。枕めしや枕団子に針をさしてやることからもそれらはいえるところである。

前につるさんが川に放るのに「針でなければさいせんでもいい」といった、そのさいせんも用いられる。三重県熊野市の神川町や育生町では、生れ子がはじめて橋を渡る時、米と銭とを紙に包んで橋のたもとに供える。これは米をいれず銭だけというのも多い。

銭の場合、他の大抵のものと違って川に流す形式ではないが、これは勿体ないとの気持が働いてのことであろうか。「葬いの箸」の章でも述べたところだが、こうした行事や呪事に用いられる銭はすでに古く、貨幣としての価値を失ったものが多かった。つまり銭としてではなく、おそらく金物としての意義を買われているのであって、その点では針も銭も一つ呪物だったのである。

山と川

前に紹介した愛媛県内海村のつるさんの話の中に、「川を渡る時に針を放った」ばかりでなく、「山を通る時」もだったことに注目された方もいるのではないだろうか。

じつのところ、これまでのことは山についてもまったく同じことがいわれるのである。十津川村のちよさんの言、「百日までは橋渡らせるな」といい、初渡りに塩をまくこともすでに紹介したが、ちよさんはこれに続けて、

「百日前山行く時も山で塩まく」

とつけ加えたのであった。

赤子の額に火墨を塗るにしても、「山道を越える時」とか「野におるもんが性の入れんがいに」などと山や野が警戒される。宮城の雄勝町桑浜では「峠越す時狐に化かされないように」といって額に鍋底の墨をつけた。ここは地名のとおり海の村だが、同じ部落内の羽板という隣に行くに

も峠を越えていく。海沿の村々にはこうしたところが多い。山のひだひだの低みのところに集落を作るので、次の集落の間は山越えする形になる。房総半島・館山市坂田のあたりもそれであった。ここの館石なをさんは、里が隣の洲崎で、里に戻って子を産んだが、五十一日が宮参りで、それ以前に婚家に帰ったが、その時里の母親が、「五十一日たたぬうち高い山通られない」といって、子どもの額に鍋墨を指で塗り、頭がすっかり見えなくなるよう着物をかぶせてくれたといってい た。茨城の金砂郷村上宮河内でなどは、墨をつけるのは夜の山道越えるような時は、歯のほきない（生えない）うちならいつでもと期間が長いのである。

奄美諸島の加計呂麻では、はじめて赤子がシマ（部落）の外、山などに行く時は、ヒル（ニンニク）の粒を三つ、糸で貫いて子の首に佩かせる。嘉入の松元興良さんは、弟妹のお守りで、山の母親のところに乳飲ませにいくのにいつもこれをしたといっていた。島の場合はことさら、前にいう山と集落・山と集落になるもので、シマ（集落）の外はみな山なのである。

こうした山行きへの警戒は、赤子にはことに厳重だったというだけで、女たちも似たことをする。東北では山歩きする時、「悪いものがとっつかない」といってかんざしにニンニク玉を貫いていたりした。

奄美のおばあさんたちは、山に入る前に潮祓《しゅうばれえ》といって塩を浴び、舐め、また山の道にも塩を振るし、甑島や五島列島の人たちは、蝮にかまれないといって手・足の爪を赤く染めたりする。岐阜の久瀬村津汲でなみのさんは、息子たちが仕事に出るのに「山に行くでおぶくさん（仏飯）いなだいて（いただいて）行けよ」と家の年寄たちはいうのだったと語った。

「山」だけでもない、「川」だけでもない、山と川とは組みもののように二つ合わせて人々の話の中に現れることも多いのである。

やはり子育ての場であるが、こちらは赤子も赤子、生れていちばん先、生れ落ちたら同時にすることに「我れの子」という類を叫ぶ習いがある。佐賀の嬉野町では「おいが子」とか「わうちんと」とか大声上げるのだが、それは「山んもんじゃろ川んもんじゃろ、どぎゃんも手つけんうちにするのだという。山んせと川んせが枕元に来て、「おいが子」、「おいが子」と争う。山んせが勝ったら山で死に、川んせが勝ったら川で死ぬのだと。

徳島県一宇村白井で、スギエさん（明治四十二年生れ）とアサ子さん（大正三年生れ）が話すのはこんなだった。

「子が生れ落ちたらとたんに『おらの子じゃ、おらの子じゃ』、または『おお、おらの子じゃ』と叫ぶ。そうでないと水が名つける、木が名つけるという。山から水から奪《ば》いに来とる、軒に来て生れるの待っちょるのだと」

今までの例もそうだったように、赤子が格別にもろかったために、守りが厳重にされているだけで、山んせ・川んせがとるのはもっと大きくなった子ども、また大人もそうである。前と同じ嬉野町の東吉田で宮崎かるさん（明治四十二年生れ）はこうも話した。

「山んせ川んせが子や人をとる。『やこ（狐）の迎えの来っと』などいって、夜縁からなど出て姿なくなる時がある。竹筒に油入れたようなのに火をつけて、何人でも並んで山や川辺をポテンポテン叩きながら『うちん子ばかやせ』と叫んで捜し歩く」

六月一日は一年のちょうど半分で折り返し点になるためか、乾して残しておいた正月の餅を食べ、ふたたび正月の祓の力にあやかろうとでもするらしいのだが、熊本五木村山口のやえさんはそれについてこんなにいった。

「正月のオトシダマ取っておいて六月一日に炒って食べる。これを食べると山さりく（歩く）に良かといって。山川さりけば悪いものにも会う。土用に山川のもの入れ替るという」

話の最後の「山川のもの入れ替る」という、そういうことなら、山んせ・川んせ、山のもの・川のものは同じ類、せいぜい兄弟のようなものなのだ。道理で川での対応、山での作法も一つになって不思議がなかったのだ。

山のものと川のものが入れ替る、または行ったり来たりするとの言い伝えは方々にある。長島でなどは河童に相当するらしいカワンバッチョは、春の彼岸に川に降りて来る。彼岸以降はコブ（蜘蛛）のヤネがこわくて山にいないなどと面白いことをいう。西都市椿原でいうのはヒョウスンボは冬山におり、春彼岸頃から川へ降りて来ると。川んせの総代ともいえる河童も山に住むことがこれで知れる。

橋の下に住むもの

これまでにも橋、ひいては川の特殊な位置づけにはさまざまな見方がなされて来た。「橋はあの世とこの世を継ぐもの」「橋で継がれる間は聖域」「地上の端から向こう側の土地に至るまでの間は、どちらの側にも所属しない混沌とした空間で、人はそうした境目にある時が力弱まるのだ」等々。

これらはいずれも川だけに照射させて謎解きをしようとしたので、とんでもなく難しいことだったろうと思う。

けれども川に加えて山という持ち札を増やした我々には、その作業がずっと楽なはずだ。

そこで、山と川が特別な点はどこにあるのか。平地に構えられた村落周辺と山と川との相違点は何かといえば、それは山川が危険な場所だということであろう。

山ではよく人が死ぬものであった。山の仕事をする者は木にはじかれて谷に落ち、伐った木に打たれ、木にまくれ岩にまくれ、また獣に襲われ、道に迷うこともあるし、冬なら吹雪や雪崩にあう。山に住むなら身近に大抵こうした事故死があるもので、今私のいる部落でも、たった一軒だけだった隣家の主が、伐った木の転がり来たのに打たれて死んでいるし、下の部落の、まだ嫁とり前の若い衆が材木積出し中に木に頭を打たれて死亡している。

村に何人かというのはまだいい方で、昔の山でばかりの仕事の頃には、身内に何人かというぐらいもあった可能性は考えられるのである。新潟の上川村という、会津に隣接する山深い地の、その中でもいちばん奥山の室谷の部落で多一さんが話してくれたのもそんなことだった。

「大抵の家に山で事故に会った者はいた。家では祖父と従兄と材木で足折った。それだけで死んだ者はいないが、妻の兄弟は二人死んだ。一人はみかぐら山（蒲原でいちばん高い？）で八人連れで峯の反対側の谷に吹き飛ばされたりして小屋にたどりつく間に二人死んだ、その中の一人は当時二十歳ぐらいだった。もう一人は炭たきしていて、炭一俵しょって帰る途中三人で雪崩に合い、一人だけが死んだ。フキにあうと人など麸のように軽く持ち上げられる」

岐阜の坂内村川上（現揖斐川町）を歩いたのは昭和五十九年であったが、村の入口に真新しい地蔵尊が三体立てられてあった。部落に入って聞けば、ちょうど一年前の春近く用水路の見まわりをしていて雪崩にあい、たった六十何軒ばかりの村うちの家の主三人が一度に死んだのだとのことであった。

山の危険は川にもそっくり言える。今だって川・海での溺死者、遭難者は驚く数になるものだが、昔はそれがどれほど高い割合を占めたものだったろう。川の岸も、渡る橋も不備なものが多かったから、日頃の生活の中で頻繁に事故に見舞われたことと思う。

日高郡平取町貫気別のアイヌ、平村ヨネさんも、九つの年にお父さんを川で死なせた話をしたのだった。冬、橋から川にすべり落ちて氷の下になった。丸太二本を渡してくくっただけの橋だった。冬は履物が豚や牛馬のケリ（靴）だったから、しばれていれば滑りこむ。いつまでも戻らないので、母親と手を継いでさがしまわったその時の心細さを語った。またそれに淋しさに輪をかけたのは川で死んだのは家に入れない。見付かった川のはたの雪の上で式を取り行ったのだといった。

このようにして突然死ぬのは、よくよくにあちらの世界の者に魅入られたと見るのだろうか、家に入れないことは他でもいうことで、片屋根の小屋を作って入れたり、宮城県牡鹿町大原のように、海で死んだ者は廊下に置く。棺に納めた後も中に入れないなどという。

それだから川や海で水浴びをする子どもたち、そして親たちのいかに心を労し、胆を冷やしたか、こちらはもっぱら命をとる相手は河童とされ、好んで子どもの尻を抜くのだとされているが、その河童よけの対策のいろいろがどれほど徹底して行われているかという一事を見ても察しがつく。「河童も来《こ》んな大蛇も来《こ》んな」のことばの呪から、火墨を塗る、仏様に供えたお仏飯を食べて行く、から、茗荷を腹に巻く、それから陸に上る時にもついて来る可能性があるのを祓うのか石を放ったり、水をはじいたり、後ろを見なかったり、他にもさまざまな不思議な儀礼を行う。

人々が山と川を恐れたのは、こうして無念にもあちら側の世界に引きずりこまれることになった人たちの住むところだったからではなかろうか。昔の人の理解では、人は死んだら体はすてて魂だけとなり、そしてどこか上空のあるところに時を過ごし、そしてまた時節に合って生れ変るというのであった。きっと子孫とそう隔たりは持たず、やはり同じ家や一族の中に生れ変るのらしい。死んだおじいさん、おばあさんとそっくりの子が出来るからである。

けれども、こうした幸せな霊の他に戻るところを持たない、いわゆる無縁仏というのがある。人々は昔から家の跡取りをなくす、家を断絶することに限りない抵抗を感じるようだ。一般のいい方なら位牌を守る者を何が何でも残さなければならなかった。こうしてあがく心底には、右にいう思いが深くからんでいたのかも知れないのだ。たとえば命綱を切るように戻る家をなくするのは、世の中の最大の罪・不孝であると考えたのだろう。

山や川・海にはこれらがわんさかといた。

その上、川にはやたらとものを流した。子どもを流した。じっさいには流さないけれど流す真似をする。親が厄年に当る子や、弱い子・夜泣きの子など、また早く歯の生えるのを嫌い、鬼子といって橋の下を潜し、橋のたもとに捨てる。前もって人を頼んでおいて拾ってもらうのである。これは私も子どもの頃、一度だけ目にしている。村の橋といったら二、三メートルの土橋だけだったのだが、女が二人、水もさしてないようなその下で、たらいに入れた子を、ほとんど手から手へというほどにたらいの端にとりつきながら潜していた。厄年の子でもあったのだろうか。

鈴鹿市小岐須の一人のお婆さんもこんなに話していたことだった。

「従兄、橋の下にすてて私の里方の祖母に拾ってもらった。前の子二、三人みな死んだので、名前も今村橋一《かず》といった」

十月《とつき》前に歯が生えると、まんじゅうに歯型をつけさせ川に流す地もある。生れた時すでに歯が生えているのを鬼子といって怖れるのはもちろん、果ては「十月塔婆《とつき》」といって塔婆を立てることになるといい、六月《むつき》は「親を喰うか、身を喰うか」などといって、力の異常な発露を警戒するのだ。

病気を祓うといって身を馴でた紙は川に流すし、厄年に当ったものは、厄を供え物と一緒に川や橋にすてて、身代りの人形《がた》や雛人形は川に流し、神送りには人形などを作って村中こづきまわし、鐘太鼓で大騒ぎをして村外れまたは谷や川に蹴り落す。カミとは称しながら「おくり神をぼっこくれ（ぼったくれ）」「行きゃれ行きゃれ、とっとと行きゃれ」とおっ払っているのだ。

盆の供物だって、川に流されるところを見れば、供えた相手が無縁仏など迷惑なものであることを疑わざるを得ず、七夕の竹飾りにしても、何でかで川に流されるが、その一部を残しておいて戸口のお守りにしたり、虫よけ畑に立てたりする。そうしたところを見れば、お祓い、逐い出しの一法なのだ。

こんな具合で、川にはこうしたモノたちがうやうやとひしめいていた。川を渡るということは、そのただ中に身をさらす仕儀になるのである。どうして彼等の手を封ずる策を構ぜずに一歩踏み出すことが出来るだろうか。

人々のやったことは、橋に魔ものが寄りつけないようにすることだった。いくらモノ等が仇をなそうと群がり来たっても、橋には取り付くことが出来ない。まよけの施された橋に届く前に彼等ははじき返され、手をかける前に体が溶けるか萎えるかするのである。

橋のまよけ

さて、人々が橋を作ろうとした時は、どんな魔よけの法が考えられたであろうか。これは大昔の人たちでなく、自分たちのこととして思い巡らせてもらってもいい。目に見えない競争相手が世に満つこと、夜・昼を堺にして彼等と世を二分していた当時の自分たちである。

まず、箸と同じことで材料に魔よけに力ある木を使おうとしたであろう。松などは火をも象徴する木だからいちばんに指名を受けたであろう。いわく因縁のある栗の木なども、大きくなる木であるから使われたはずである。大きく育つといったら、ヒノキやら、杉やら、槙なども大いに役立てられたであろう。ヒノキにしても、杉にしてもある理由から魔よけと目されている木である。これらの木がふんだんに用いられて、たとえば丸木橋でも、流されたら次、もろくなったら次と、よろしく掛け替えられたことであろう。

もしまたそうした材料が不如意になったり、大きい橋を構えることになって、材料に不足が生じた場合にも、そうあわてなかった。家造りに小部分に魔よけの材を使って我慢したように、部分的にそれらを用いて、よしとしたのかも知れない。

さらに、その材料が全部魔よけとは関係ないものでも、それでも構わなかった。魔ものの最も怖れると見られていた火の色をもつくり、橋にかぶせるのである。つまり火の色、赤や朱の色を塗るのである。

しかし、丹とも丹石とも呼ばれる、それら赤い色素は滅多になく、高価だったから、せいぜいベンガラ色に染めるぐらいだったろうか。そして、もし輝く火の色に出来なかったとしてもまだいい。橋にじっさい火を焚いた。

夜間に橋を渡ることなど普通の生活ではないのだろうから、必要な折に松明などの火を焚き、人通りのあるような都でなら、橋のたもとで常夜燈など焚いたのだろう。

しかし、見張りを置いたりしてこれも難儀だ。そうした準備のいい橋を渡るのばかりでなく、そうでもないものの方がほとんどなのであった。

それで人手を使わず火を燃やし続ける策略、橋の欄干の処々に火の玉を据えおくことにした。擬宝珠である。

丸く、先尖りの擬宝珠は、とかく宝の珠と見られやすい。国語辞典などでも、ギボウシと普通呼ぶのは「ギボウシュの転」（広辞苑）と、どうでも宝珠と読ませたいらしい。石にも増して堅く、また光を放つ宝石もたしかにモノ除けものの一つである。けれどもその力は決して火に及ぶべくもないのであって、擬宝珠が火であってはじめて、この危険きわまる場所での、そして広大な橋の守りの役を完う出来たのだろうと思う。

擬宝珠の形はよく地蔵堂とか、小さな社の上などに見るものだが、人が死んだ折に運ぶ輿のてっぺんなどにはことによくつけられて、赤紙をもってその形に貼られたり、ヒと呼んで先刻炎の燃え立つ形に型紙を作ってあったり、輿の屋根の四隅に松ボックリを吊したり、かんな屑を下げたり、果ては本物のロウソクを灯したりする。

辻に立てられるロウソクの代りに赤い唐辛子が立てられ、赤紙が巻かれるのと同様に、火色で表そうとすれば赤色になり、形で表せば、先細りの擬宝珠の形になるのだろう。

とっぴな例とうつろうが、キリスト教の教会が、とんがり屋根のその上に魔を打ち払う十字架を上げるごとくに、もっとも強力な火を頭にいただいたものであろう。

ギボウシは宝珠ではないといった手前、それでは何

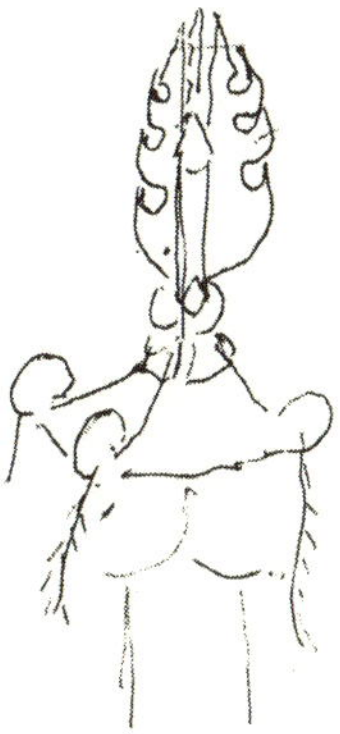

板取村白谷の墓

かと考えている。普通ならていのよいゴロ合わせのように取られるところだが、この場合、同名の植物名、ギボシとかギボウシとか呼ばれる、その植物名によったのではなかったか。

この植物には馴染があるのである。私の村でギボシの一株を植えていない家など、おそらく一軒もなかった。一度植えたら何年でも芽を出し株になり、新しい茎を次々と伸ばし、それは伸びて伸びて六、七十センチもの丈になり、そうした若い芽は格好の汁の身になるのだ。食べては山にあるウルイと同じ味、ただなにしろ食べでがある。ウルイの何十倍も大きいのだから、うまみのもとらしいヌル味も大きい。それに家の直ぐ傍にあるのだから、咄嗟の用にも立つのである。そう何度でもなかったが毎年食べた。新芽ののびる初夏までのことだったろう。村ではこれをギンボと呼んだ。ギボシには種類が幾つかあるらしいが、その一つである。

ギンボの葉

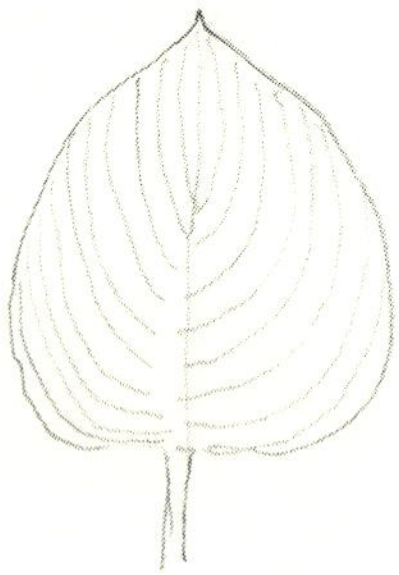

（山形県）

またこれは食べるばかりでない。おやつに握り飯を所望すると、母親は「んだらギンボっ葉取ってこい」という。その葉を広げ持って、母親の掌いっぱいに充てるほどの大きなむすびを受けて食べるのだった。

あの横に広いほど丸く、先尖りの葉の型はまさに擬宝珠の形である。何十本かの規則正しい、天に向けて走る横脈も、これを火に見立てるに、力を貸したはずである。

橋はしばしば信仰の対象にされる。橋を拝んだり、供え物がされたりすることである。生れ子の橋の〝渡りぞめ〟にしても、供え物を川に流すという他に、「橋に供える」とのいい方がなされる折も多いのだった。銭も橋のたもとに供えるのだし、米や塩も橋上にまく。たとえば栃木県葛生町牧の生後七日目に行われるハシワタシは、株内（親戚内）の親しい人を頼んで子をおぶってもらい、三つの橋を渡るといういささか儀礼めいたものになっているのだが、これには赤飯と酒とを持って行ってそれぞれ橋の両たもとに供え、拝むという。

これは、かつては川に放っていたものが、いつのまにやら相手が橋だと誤認されるにいたったとの見方をすることも出来よう。現実の生活に通用する銭などであるなら、川にすてては国家の損失との気持も働いたはずである。

けれども、物を食べる箸が食前食後に礼をもって拝されたように、はたまたものを祓う箒が箒の神になり、杓子が家入口に掲げられたように、信頼して身一つをあずける橋を尊び、労い、橋そのものを神に拝める気持があったことも理解出来ないことではない。橋は神にもなったのである。

あとがき

大伯母の桑の箸からこの本は書き始まったのであった。彼女曰く「ちゅうしょう（中風）たからない」のだと。

大伯母は、世の中になにを残したのであろう。こうした言い伝えの一担い手としてあっただけではないだろうか。なにをこうすれば病気にならない、これを焚けば餅が増える等の、世にいう〝迷信〟のせいで、身近なものを残すきっかけとはなったのだろう。

だがこの〝迷信〟はいつまで続くのだろう。何年か経って箸の習俗を集めようとしても、ずいぶん様相が変っているのではなかろうか。

私事にわたる。ここ数年来、右手が使えなくなった（頭にある瘤のせいらしい）。左手で字も書くのであるが、これがちっとも上手にならない。きたえる年齢からは遠ざかっているのですね。かくて数枚の挿絵（クロモジの箸、竹の箸、すりこぎ）は姪の恵子が描いた。

快く出版をゆるしてくれた社主の森下紀夫さん、編集の松永裕衣子さんには例によって礼を述べる。
よく箸を今に残し、そしてこまごまと話をしてくれた皆様、またあたたかい宿を与えてくれた皆々様に心からなる礼を述べます。

平成二十二年六月末日

斎藤　たま

斎藤 たま（さいとう・たま）

1936年、山形県東村山郡山辺町に生まれる。高校卒業後、東京の本屋で働く。1971年より民俗収集の旅に入る。現在、秩父市在住。

著書に『野にあそぶ』(平凡社)、『南島紀行』『あやとり、いととり』(共に福音館書店)、『生とものの け』『死とものの け』『行事とものの け』『ことばの旅』『秩父浦山ぐらし』(いずれも新宿書房)、『村山のことば』(東北出版企画)、『落し紙以前』『まよけの民俗誌』(いずれも論創社) ほか。

箸の民俗誌

2010年 7 月25日　初版第1刷発行
2011年 11 月10日　初版第2刷発行

著　者　斎藤　たま
発行者　森下　紀夫
発行所　論　創　社
東京都千代田区神田神保町 2-23　北井ビル
tel. 03(3264)5254　fax. 03(3264)5232
http://www.ronso.co.jp/
振替口座 00160-1-155266
印刷･製本　中央精版印刷

ISBN978-4-8460-0877-2　C0039　Printed in Japan